HTML/CSS

웹 콘텐츠 제작의 기본을 이해하는 새로운 9개의 관문

ANK Co., Ltd. 저 / 김성훈 역

HTML/CSS가 보이는 그림책

HTML/CSS와 웹페이지의 궁금증을 이해해보자

BM (주)도서출판 성안당

머리말

이 책은 웹페이지를 제작하는 데 필요한 언어인 HTML과 CSS를 학습할 수 있는 입문서입니다. HTML은 특정 태그를 이용해 문서의 구조를 웹브라우저에 전달할 수 있습니다. 예를 들어, 어떤 부분은 제목이 되고 어디부터 어디까지는 하나의 단락이 되며 어떻게 하면 줄을 바꾸거나 표를 만들 수 있는지를 웹브라우저에게 알려 주는 것입니다. 또 웹페이지끼리 연결하는 링크(하이퍼링크)를 만드는 기능도 있습니다. CSS는 HTML로 만들어진 웹페이지의 레이아웃과 디자인을 결정하는 언어입니다.

이렇게 설명하면 어렵게 느껴질 수도 있습니다. 멋진 디자인이나 편리한 기능을 제공하는 웹페이지를 만들기 위해서는 관련 기술이나 다른 프로그래밍 언어에 대한 지식이 필요합니다. 하지만 HTML과 CSS 자체는 텍스트 편집기로도 입력할 수 있는 단순한 언어이므로 조금은 시작하기 쉽다고 할 수 있습니다.

사실 이 책의 이전 버전은 『HTML5가 보이는 그림책』입니다. HTML뿐만 아니라 CSS3 및 JavaScript를 포함한 종합적인 기술 체계를 다뤘습니다. 전반적으로 이해하기 쉽도록 집필했지만, 어려운 내용도 많았습니다.

이번에는 새로운 시각으로 접근해서 웹페이지 제작의 기본을 배울 수 있는 내용을 담았습니다. 이 책에서는 일러스트나 그림을 많이 활용해 HTML이나 CSS를 모르는 초보자가 그 기초를 학습할 수 있도록 설명했습니다. 물론 인터넷이나 WWW 등 웹페이지 제작에 필요한 용어나 지식도 이해하기 쉽게 소개했습니다.

요즘은 SNS 등의 보급으로 개인이 웹사이트를 소유하는 경우가 적어졌고 웹페이지 제작 툴이나 제작 서비스도 잘 갖춰져 있어 처음부터 HTML을 입력해서 웹페이지를 작성할 기회가 줄었습니다. 하지만 웹페이지 제작 툴이나 서비스로 제작된 웹페이지를 자신에 맞게 수정하려면 HTML이나 CSS에 관한 지식이 필요할 수 있습니다. 우선 웹페이지를 하나 만든다고 생각하고 실제로 예제를 따라해 보세요.

HTML과 CSS 학습 그리고 웹페이지 제작을 시작하는 출발점으로서 이 책이 조금이나마 도움이 되길 바랍니다.

2022년 12월 저자 씀

≫ 이 책의 특징

- 이 책은 펼친 양면을 하나의 주제로 완결해서 이미지가 흩어지지 않도록 배려했습니다. 또 나중에 필요한 부분을 찾을 때도 유용하게 사용할 수 있습니다.
- 주제별로 웹브라우저로 시험해 볼 수 있는 구체적인 예제 코드를 제공하고 이해하기 어려운 개념은 그림을 통해 이해할 수 있게 했습니다. 설명만 하고 끝나지 않도록 염두에 뒀습니다.

≫ 이 책의 독자는

처음부터 HTML과 CSS를 학습하는 분은 물론, 한 번 도전했다가 좌절해버린 분, 조금은 알지만 다시 기본부터 학습하고 싶은 분들에게 권합니다.

≫ 표기에 대해서

이 책은 다음과 같은 약속 아래 설명합니다.

【예제 코드와 실행 결과】

HTML 소스 등을 입력하는 내용

웹브라우저에 표시되는 내용

코드

```
<!DOCTYPE html>
<html lang="ko">
<head>
  <meta charset="UTF-8">
  <title>HTML 파일 만들기</title>
</head>
<body>
<!-- 여기부터 본문 -->
<p>HTML 로 작성된 파일입니다</p>
</body>
</html>
```

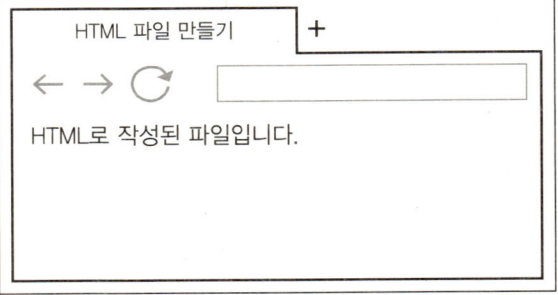

실행 결과

【서체】

`List Font`: HTML, CSS, JavaScript 코딩에 실제로 이용되는 문장이나 단어

`List Font`: List Font 중에서도 중요한 포인트

【기타】

- 본문 안에 사용되는 용어는 어디까지나 하나의 예이며 다르게 읽는 경우도 있습니다.
- 웹브라우저상에 표시되는 내용 등은 이용하는 환경에 따라 달라질 수 있습니다.

Contents

HTML과 CSS 학습을 시작하기 전에 · · · · · · ix

인터넷과 WWW ··· ix
웹사이트란? ··· x
HTML과 CSS란? ·· x
웹서버 ·· xiii
동적인 웹페이지 ·· xiv
클라이언트 사이드 스크립트 ·· xv
인터넷의 변화 ··· xvi
웹브라우저의 종류 ··· xvii

제1장 웹사이트의 개요 · · · · · · · · · · · · · 1

제1장에서 꼭 알아야 할 키포인트 ··· 2
웹사이트 ·· 4
HTML과 CSS ··· 6
웹브라우저와 웹서버 ·· 8
서버와 클라이언트 ·· 10
데이터베이스 ··· 12
쿠키 ··· 14
도메인과 URL ··· 16
칼럼 ~ W3C 사양이 정해지는 과정 ~ ··································· 18

제2장 HTML의 기초 · · · · · · · · · · · · · · 19

제2장에서 꼭 알아야 할 키포인트 ·· 20
현재 표준 HTML에 대해서 ·· 22
HTML 파일 만들기 ·· 24

v

태그와 요소, 속성	26
부모 요소와 자식 요소, 주석	28
요소 지정하기	30
DOCTYPE 선언, 문자 코드 지정	32
절대 URL과 상대 URL	34
칼럼 ～ 콘텐츠 모델 ～	36

제3장 HTML의 요소 · · · · · · · · · · 37

제3장에서 꼭 알아야 할 키포인트	38
문서의 기본 요소	40
문서의 구성에 관한 요소	42
그룹화와 단락의 요소 (1)	44
그룹화와 단락의 요소 (2)	46
범위를 설정하는 요소	48
텍스트에 관한 요소 (1)	50
텍스트에 관한 요소 (2)	52
텍스트에 관한 요소 (3)	54
링크와 이미지에 관한 요소	56
테이블	58
폼 만들기	60
폼의 요소 (1)	62
폼의 요소 (2)	64
폼의 요소 (3)	66
폼의 요소 (4)	68
샘플 프로그램	70
칼럼 ～ meta 요소에 대해서 ～	72

제4장 CSS의 기초 · · · · · · · · · · 73

제4장에서 꼭 알아야 할 키포인트	74
CSS란?	76
CSS를 기술하는 위치 (1)	78
CSS를 기술하는 위치 (2)	80
CSS의 기본 형식	82
적용 대상 지정 (1)	84

적용 대상 지정 (2) ·· 86
적용 대상 지정 (3) ·· 88
색과 길이를 지정하는 방법 ······································ 90
칼럼 ～ 특수한 문자 표시 ～ ································ 92

제5장 CSS의 속성 (1) ·················· 93

제5장에서 꼭 알아야 할 키포인트 ······························ 94
텍스트에 관한 속성 (1) ·· 96
텍스트에 관한 속성 (2) ·· 98
글꼴에 관한 속성 ·· 100
박스 모델 ·· 102
박스에 관한 속성 (1) ··· 104
박스에 관한 속성 (2) ··· 106
박스에 관한 속성 (3) ··· 108
배경에 관한 속성 (1) ··· 110
배경에 관한 속성 (2) ··· 112
표시와 배치 (1) ·· 114
표시와 배치 (2) ·· 116
리스트와 테이블 ··· 118
샘플 프로그램 ·· 120
칼럼 ～ 마진 상쇄에 대해서 ～ ····························· 122

제6장 CSS의 속성 (2) ·················· 123

제6장에서 꼭 알아야 할 키포인트 ······························ 124
다단 레이아웃 ·· 126
플렉스 박스 ··· 128
투명도와 그러데이션 ··· 130
트랜지션 ··· 132
애니메이션 ·· 134
샘플 프로그램 (1) ··· 136
샘플 프로그램 (2) ··· 138
칼럼 ～ 스타일의 상속에 대해서 ～ ······················· 140

vii

제7장 반응형 디자인 · · · · · · · · · · · · · · 141

제7장에서 꼭 알아야 할 키포인트 · 142
레이아웃 패턴 · 144
다중 칼럼 레이아웃 만들기 · 146
디바이스와 UI · 148
반응형 디자인 (1) · 150
반응형 디자인 (2) · 152
샘플 프로그램 · 154
칼럼 ～ 세계 최초의 웹사이트 ～ · · · · · · · · · · · · · · · · · 156

제8장 JavaScript · · · · · · · · · · · · · · · · 157

제8장에서 꼭 알아야 할 키포인트 · 158
자바스크립트란? · 160
Hello World!! · 162
자바스크립트를 기술하는 위치 · 164
자바스크립트로 할 수 있는 일 · 166
칼럼 ～ Ajax ～ · 168

부록 · 169

웹사이트를 만드는 과정 · 170
웹사이트 공개 · 172
이미지 형식 · 175
웹사이트 제작을 도와주는 환경 · 177
웹사이트 제작 시 주의사항 · 178

찾아보기 · 180

인터넷과 WWW

컴퓨터와 스마트폰은 정보를 **네트워크**를 통해 주고받습니다. 네트워크는 가정에서 사용하는 홈 네트워크에서부터 기업에서 사용하는 대규모 네트워크에 이르기까지 다양합니다. 이처럼 다양한 전 세계의 네트워크를 서로 연결한 것이 **인터넷**입니다. 인터넷을 이용하면 전 세계 어디서나 정보를 송수신할 수 있습니다.

인터넷의 가장 일반적인 사용 방법은 WWW를 이용한 웹페이지 검색입니다. **WWW**(**World Wide Web** 또는 **Web**)는 인터넷상의 정보에 접근하기 위한 기술로, 문서나 이미지 등을 링크로 연결합니다. 웹브라우저를 이용하면 화면에 표시된 **링크**(**하이퍼링크**)로 인터넷상의 다양한 장소를 쉽게 오갈 수 있습니다. 이처럼 정보를 서로 연결하는 시스템을 **하이퍼텍스트 시스템**이라고 합니다. 문서, 음악, 동영상 등 네트워크에 존재하는 다양한 정보에 쉽게 접근할 수 있는 이유는 이러한 시스템 덕분입니다.

정보가 서로 연결돼 있으면 전 세계 어디에서나 이용할 수 있어요.

웹사이트란?

일상생활에서 어떤 정보를 얻으려고 할 때, '인터넷에 접속한다', '웹사이트를 방문한다', '웹페이지를 확인한다' 등의 다양한 표현을 사용합니다. 이런 용어들의 원래 의미는 각각 다릅니다. 이 점을 먼저 확인해 보도록 합시다.

우선, 앞에서도 언급했듯이 인터넷은 **수많은 컴퓨터 네트워크를 전 세계적인 규모로 연결한 네트워크**를 가리킵니다. 인터넷상에서 웹브라우저로 볼 수 있는 화면 하나가 웹페이지입니다. 그리고 관련된 여러 웹페이지를 모아 하나로 묶은 것을 **웹사이트**라고 합니다.

예를 들어, 어떤 회사의 '회사 소개', '뉴스', '상품 소개', '문의' 등의 페이지는 웹페이지이며 웹페이지가 모여서 회사 웹사이트가 만들어집니다.

하지만 평소 웹페이지나 웹사이트보다는 홈페이지라는 말을 더 자주 들을지도 모릅니다. 홈페이지는 원래 웹브라우저를 실행했을 때 처음 보이는 화면이나 어떤 웹사이트의 입구가 되는 웹페이지를 나타내는 말이었습니다. 시대 발달과 함께 의미가 확장되면서 웹사이트 전체를 가리켜 홈페이지라고 부르는 경우가 많아졌습니다.

HTML과 CSS란?

웹페이지의 바탕은 **HTML**(HyperText Markup Language)이라는 마크업 언어로 기술된 텍스트 파일(**HTML 파일**)입니다.

HTML에서는 〈 〉로 감싼 태그라는 기호를 사용해 웹페이지에 표시할 텍스트나 이미지 등의 데이터와 다른 HTML 파일로 이동하는 링크 등을 기술합니다. HTML 파일을 작성하는 전용 도구도 있지만, 윈도우에 포함된 메모장과 같은 텍스트 편집기만 있으면 만들 수 있습니다.

HTML은 1989년부터 1990년 사이에 CERN(유럽 원자핵 연구 기구)에서 근무하던 팀 버너스 리에 의해 고안됐습니다. 그리고 이와 동시에 HTTP, URL, WWW 등의 기본적인 구조와 세계 최초의 웹브라우저도 개발됐습니다.

처음에는 CERN 내에서 연구 내용을 공유 및 교환하는 용도로 사용됐지만, 1993년 CERN이 WWW를 공개하고 인터넷 연결 서비스가 시작된 것을 계기로 HTML은 인터넷 문서의 표준 규격으로 확립돼 갔습니다.

HTML 및 CSS의 사양을 결정하는 작업을 가리킬 때 '책정'이라는 단어가 자주 사용됩니다. HTML에는 몇 가지 버전이 있는데, 버전이 업그레이드되면서 다양한 기능이 추가됐고 필요 없는 기능은 폐기됐습니다. 또한 HTML 사양을 책정하는 단체도 버전 업그레이드와 함께 변경됐습니다. 처음에는 IETF(Internet Engineering Task Force)가 책정했지만, HTML3.2에서 HTML5.2까지는 W3C(World Wide Web Consortium)가 책정했습니다. 현재는 WHATWG(Web Hypertext Application Technology Working Group)가 HTML Living Standard로서 책정하고 있으며 이것이 표준 사양이 됐습니다.

예전의 HTML에서는 글꼴이나 배경색, 레이아웃 등 장식적인 지정도 가능했습니다. 그러나 콘텐츠의 내용과 장식이 뒤섞이면 코드가 복잡해지고 유지 보수도 번거로워집니다. 현재는 장식적 기능을 하는 HTML 요소와 속성이 폐지됐고 HTML 본연의 역할인 제목, 단락, 표 등 그 문서가 어떤 구조로 이뤄져 있는지를 나타내는 언어가 됐습니다. 그리고 웹페이지를 장식하는 기능은 **스타일 시트**를 사용하는 것이 표준적인 방법이 됐습니다.

스타일 시트의 대표적인 예가 **CSS**(Cascading Style Sheets)입니다. 배경 이미지의 위치 지정, 선 스타일, 여백 등을 효율적으로 지정할 수 있습니다.

CSS는 HTML 파일 안에 직접 기술할 수도 있지만, 주로 사용되는 방법은 CSS를 별도의 파일로 준비하는 것입니다. 이런 경우, HTML 파일에서 CSS 파일을 참조하는 형태로 스타일을 적용합니다. 이 방법을 사용하면 HTML 코드가 간결해지고 유지 및 보수도 쉬워집니다. 또 웹사이트의 기본 디자인을 통일할 수 있고 사용자의 디바이스 화면 크기에 따라 표시를 전환하는 **반응형 디자인**도 적용할 수 있습니다. 참고로 CSS의 사양은 현재 W3C에서 책정하고 있습니다.

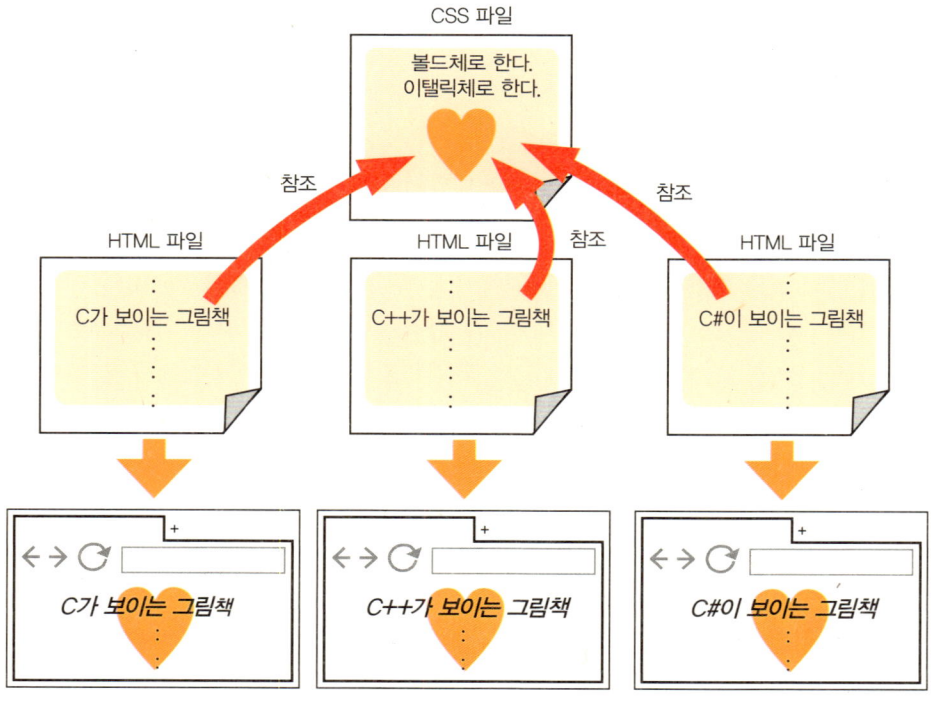

 ## 웹서버

웹서버란, 웹브라우저 등 클라이언트 소프트웨어의 요청에 따라 정보나 서비스를 제공하는 컴퓨터를 말합니다. 요청에 따라 프로그램을 실행하거나 데이터베이스와 연동할 수도 있습니다.

웹서버는 **HTTP**(Hyper Text Transfer Protocol)라는 통신 방식(프로토콜)에 의해 웹브라우저와 통신합니다. HTTP는 HTML 전송을 목적으로 하지만, 문서와 관련된 이미지나 음성 등도 전송할 수 있습니다.

웹서버가 웹브라우저로부터 요청을 받으면 미리 준비된 HTTP 파일을 반환합니다. 웹브라우저는 이를 해석해서 웹페이지를 표시합니다. 이러한 웹페이지를 **정적인 페이지**라고 합니다.

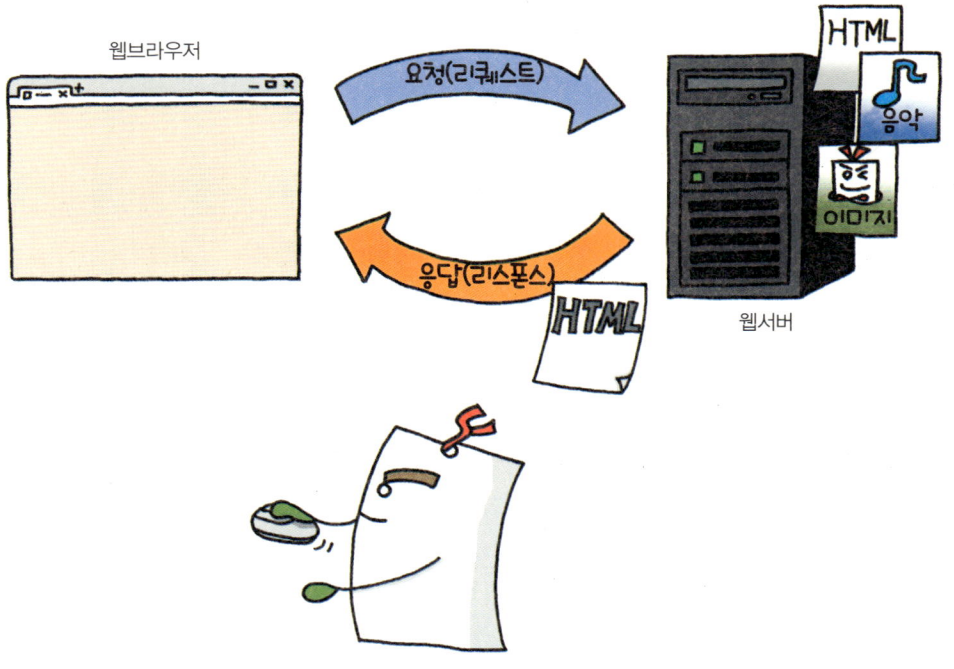

 ## 동적인 웹페이지

　웹서버는 서버에 있는 파일 내용을 그대로 전송하는 것뿐만 아니라 클라이언트(웹브라우저 등)의 요청에 따라 프로그램을 실행한 후 결과를 전송하기도 합니다. 후자의 경우, 게시판 등 웹브라우저에서의 입력에 따라 표시 내용이 변경되는 페이지에 사용됩니다. 이러한 웹페이지를 **동적인 웹페이지**, 정해진 내용만 반환하는 페이지를 정적인 웹페이지라고 부릅니다. 웹브라우저의 요청에 따라 웹서버상의 프로그램을 실행시키는 기술을 CGI(Common Gateway Interface)라고 합니다. CGI 프로그램은 펄(Perl)이나 그 밖의 다른 프로그래밍 언어를 이용해 만듭니다.

　웹서버상의 HTML 파일 안에 스크립트(간단한 프로그램)를 포함시켜 두고 실행 결과를 HTML의 일부로서 웹브라우저에 반환하는 방식도 있습니다. 이러한 스크립트를 **서버 사이드 스크립트**라고 합니다. 서버 사이드 스크립트는 웹서버상의 HTML 내에서 실행되므로 CGI에 비해 서버에 부하가 적다는 특징이 있습니다.

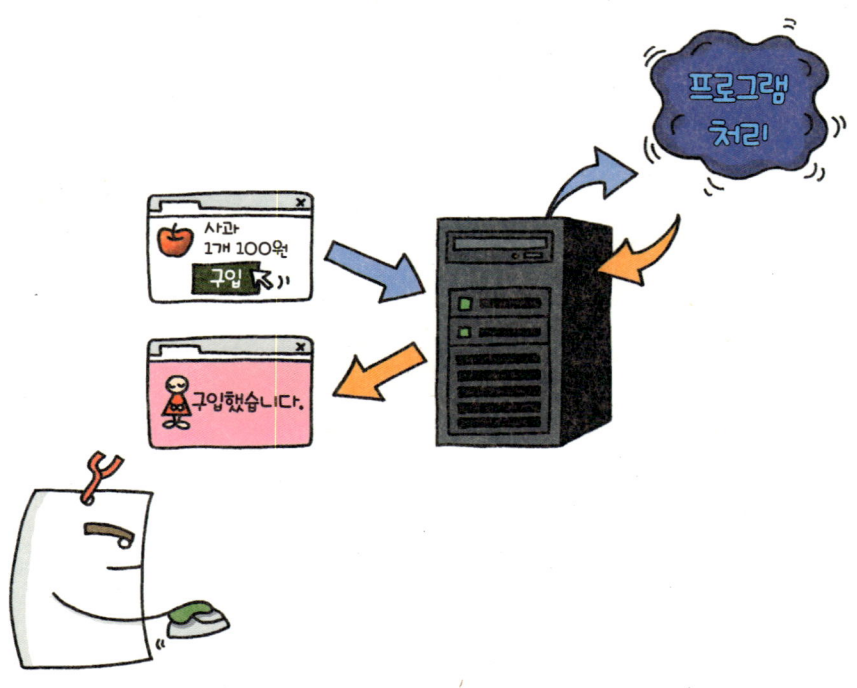

클라이언트 사이드 스크립트

서버 사이드 스크립트는 웹서버에서 처리되는 스크립트입니다. 반면, 웹브라우저에서 실행되는 스크립트는 **클라이언트 사이드 스크립트**라고 합니다. 클라이언트 사이드 스크립트 중에서 가장 대중적인 것은 **자바스크립트**(JavaScript)입니다. 자바스크립트를 HTML에 포함시켜 표시되는 문자와 배경의 색을 변경하거나 웹페이지를 전환할 수 있습니다.

예를 들어 자바스크립트로 다음과 같은 일을 할 수 있습니다.

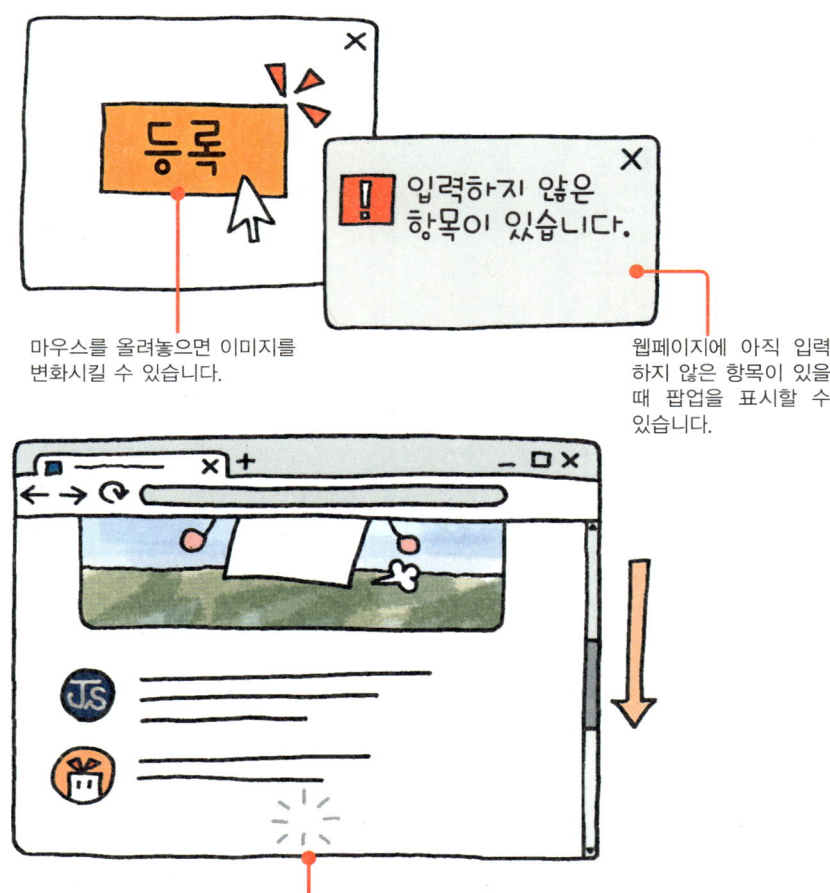

마우스를 올려놓으면 이미지를 변화시킬 수 있습니다.

웹페이지에 아직 입력하지 않은 항목이 있을 때 팝업을 표시할 수 있습니다.

페이지를 스크롤하면 서버에서 댓글 등의 내용을 계속 가져와서 표시할 수 있습니다.

인터넷의 변화

원래 웹페이지는 웹서버에서 전송된 문서나 이미지를 단순히 보기만 하는 것이었습니다. 하지만 현재는 웹에서 할 수 있는 기능이나 서비스가 늘어났고 웹브라우저에서 사용할 수 있는 애플리케이션(**웹 애플리케이션**)으로 아주 복잡한 일도 처리할 수 있게 됐습니다.

최근의 스마트폰과 태블릿은 계산 성능이 뛰어나 PC용 웹페이지나 웹애플리케이션 등을 거의 그대로 사용할 수 있습니다. 웹 세계에서 스마트폰과 태블릿은 컴퓨터와 마찬가지로 주요한 기기가 됐습니다.

 ## 웹브라우저의 종류

현재 웹브라우저에는 다양한 종류가 있습니다. 그중에서 주요 브라우저를 몇 가지 소개합니다.

구글 크롬(Google Chrome)

구글에서 개발한 웹브라우저로, 구글의 각종 서비스와 연계할 수 있는 것이 특징입니다.

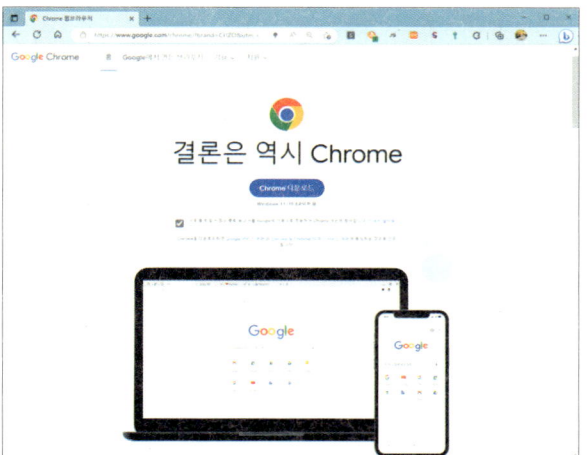 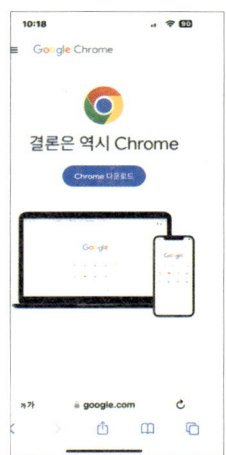

마이크로소프트 엣지(Microsoft Edge)

마이크로소프트에서 개발한 웹브라우저로, HTML 렌더링 엔진(웹페이지 데이터를 해석해서 표시하는 프로그램)에는 구글 크롬(Google Chrome)과 같은 블링크(Blink)를 채용했습니다. 윈도우 운영 체제(Windows OS)에 기본으로 탑재돼 있습니다.

마이크로소프트는 예전에 인터넷 익스플로러(Internet Explorer)라는 웹브라우저를 개발했습니다.

모질라 파이어폭스(Mozilla Firefox)

　모질라 재단(Mozilla Foundation)에서 개발한 웹브라우저로, 높은 확장성이 특징입니다.

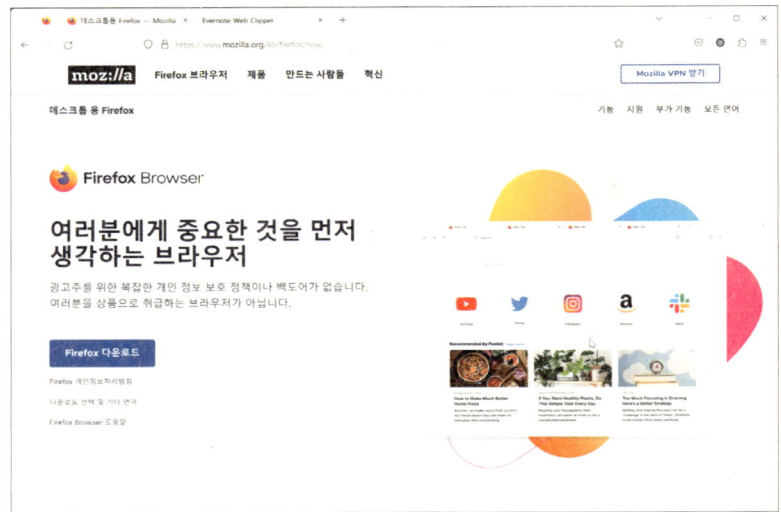

사파리(Safari)

　애플에서 개발한 웹브라우저로, macOS나 iOS에서 동작합니다.

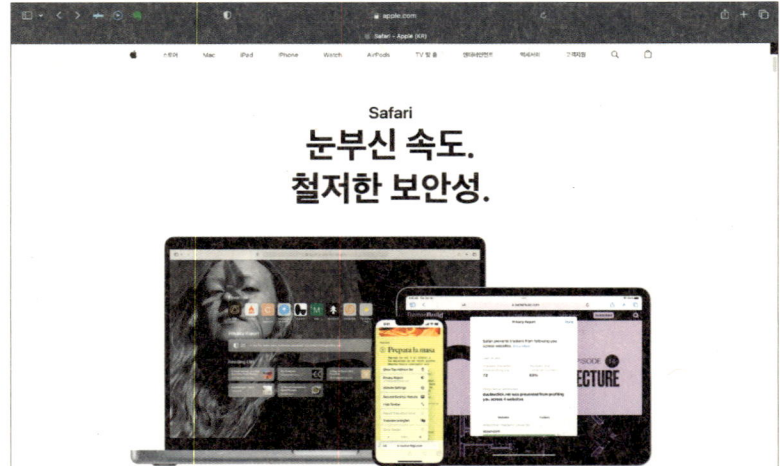

1

웹사이트의 개요

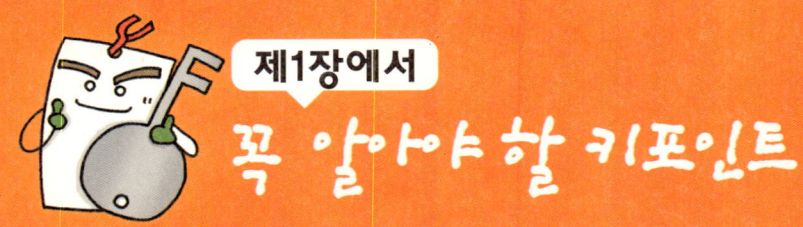

웹페이지와 웹사이트

웹페이지를 만들기 위해서는 HTML이나 CSS와 같은 언어를 배우는 것도 물론 중요하지만, 웹페이지나 웹사이트의 구조에 관해서도 알아 둬야 합니다. 1장에서는 웹사이트가 어떻게 구성돼 있고 어떤 기술이 사용되며 어떻게 제공되는지 자세히 살펴보겠습니다.

일반적으로는 웹을 탐색할 때 표시되는 각 화면(파일)을 웹페이지, 이와 관련된 여러 웹페이지를 모아 놓은 것을 웹사이트라고 합니다. 웹페이지의 기본은 HTML 파일입니다. **HTML(Hyper Text Markup Language)**은 태그라는 표식을 사용해 '여기는 제목', '여기부터 여기까지가 하나의 단락', '여기에는 이미지' 등을 표시해 문서가 어떤 구조로 이뤄져 있는지를 나타냅니다.

HTML만으로도 웹페이지를 만들 수는 있지만, 디자인을 지정하는 기능이 없어서 멋없고 단조로운 페이지가 만들어집니다. 여기에 디자인 요소를 추가해 보기 좋게 만드는 것이 **CSS(Cascading Style Sheets)**의 역할입니다. 따라서 HTML과 CSS에 관한 지식은 함께 익히는 것이 좋습니다.

웹페이지를 탐색할 때는 **웹브라우저**라는 전용 애플리케이션을 사용합니다. 웹브라우저를 사용하면 하이퍼링크로 연결된 다른 웹페이지로 쉽게 이동할 수 있고 원하는 웹페이지를 직접 표시할 수도 있습니다. 많은 웹브라우저가 공개돼 있으므로 직접 써 보면서 비교해 보는 것도 재미있겠지요.

정보를 주고받는 기반 기술

웹에서뿐만 아니라 인터넷에서 정보를 교환할 때는 일반적으로 정보를 제공하는 쪽(**서버**)과 이용하는 쪽(**클라이언트**)으로 역할을 나눌 수 있습니다. 웹의 경우에는 **웹서버**와 클라이언트인 **웹브라우저** 간에 정보를 교환합니다. 웹서버는 HTML 파일, 이미지, 동영상 등 웹페이지에 필요한 다양한 정보(파일)를 저장해 두고 서비스를 제공합니다. **Apache**나 **IIS**, **nginx** 등의 웹서버 소프트웨어는 웹브라우저에서 요청할 때 필요한 정보를 제공하는 역할을 합니다. 웹페이지를 열람할 때 웹브라우저와 웹서버 사이에서는 이런 정보 교환이 수차례 반복됩니다.

동적인 웹페이지에서는 **데이터베이스**의 데이터를 이용하는 경우가 많으므로 데이터베이스에 관해서도 조금 다뤄 볼 것입니다.

쿠키(Cookie) 기술에 관해서도 소개합니다. 쿠키란, 웹서버와 통신할 때 이용되는 최소한의 클라이언트 정보를 말합니다. 어떤 웹사이트에 ID와 비밀번호를 입력해서 로그인하면 다음부터는 같은 작업을 반복하지 않아도 이용할 수 있거나 온라인 쇼핑을 중단해도 장바구니에 담긴 상품 정보가 그대로 남아서 편리하다고 생각했던 적이 있을 것입니다. 이때 사용되는 기술이 쿠키입니다.

도메인과 **URL**은 인터넷상에서 정보(파일)의 위치를 나타내는 데 필요한 체계이므로 함께 알아보겠습니다.

우선은 1장에서 웹사이트의 개요를 이해합시다.

제1장에서 꼭 알아야 할 키포인트

웹사이트

웹사이트, 웹페이지, 홈페이지는 모두 비슷하게 사용되지만, 사실은 조금씩 의미가 다릅니다.

웹사이트란?

웹브라우저에서 표시되는 하나의 문서가 **웹페이지**입니다. 그리고 여러 개의 웹페이지를 모은 것을 **웹사이트**라고 합니다. 각각의 웹페이지는 **링크(하이퍼링크)**로 연결돼 있어 왔다갔다 할 수 있게 돼 있습니다.

링크에 대해서는 56페이지를 참조하세요.

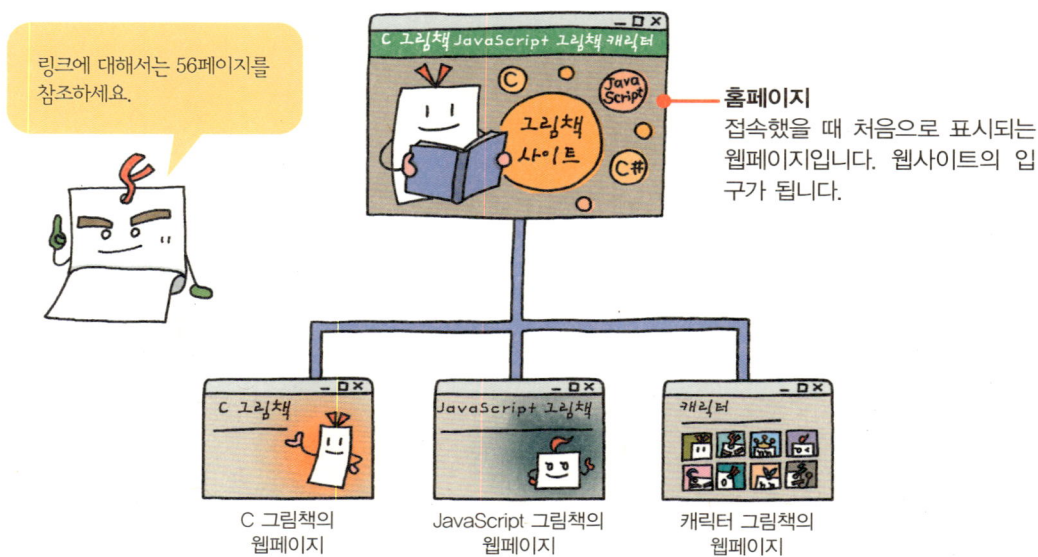

홈페이지
접속했을 때 처음으로 표시되는 웹페이지입니다. 웹사이트의 입구가 됩니다.

C 그림책의 웹페이지 / JavaScript 그림책의 웹페이지 / 캐릭터 그림책의 웹페이지

홈페이지

홈페이지라는 말에는 2가지 의미가 있습니다.

- 위의 예처럼 웹사이트에 접속했을 때 처음에 표시되는 것을 가정한 웹페이지

- 웹브라우저를 시작했을 때 표시되는 페이지
  사용자가 원하는 웹페이지를 홈페이지로 설정할 수 있다.

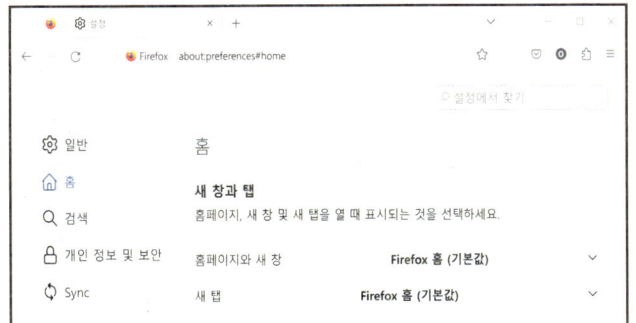

Firefox의 예
[도구] - [설정] - [홈]에서 확인할 수 있다.

다른 웹브라우저에도 같은 기능이 있지만, 홈페이지라는 말을 쓰지 않는 경우도 있습니다.

웹페이지를 구성하는 요소

웹페이지에서 가장 기본이 되는 것은 페이지의 내용을 기술한 HTML 파일입니다. 그에 못지 않게 중요한 것은 페이지의 외관을 지정하는 CSS 파일이나 이미지 파일입니다. 필요에 따라 JavaScript(동작)나 음악, 동영상 파일 등을 사용합니다.

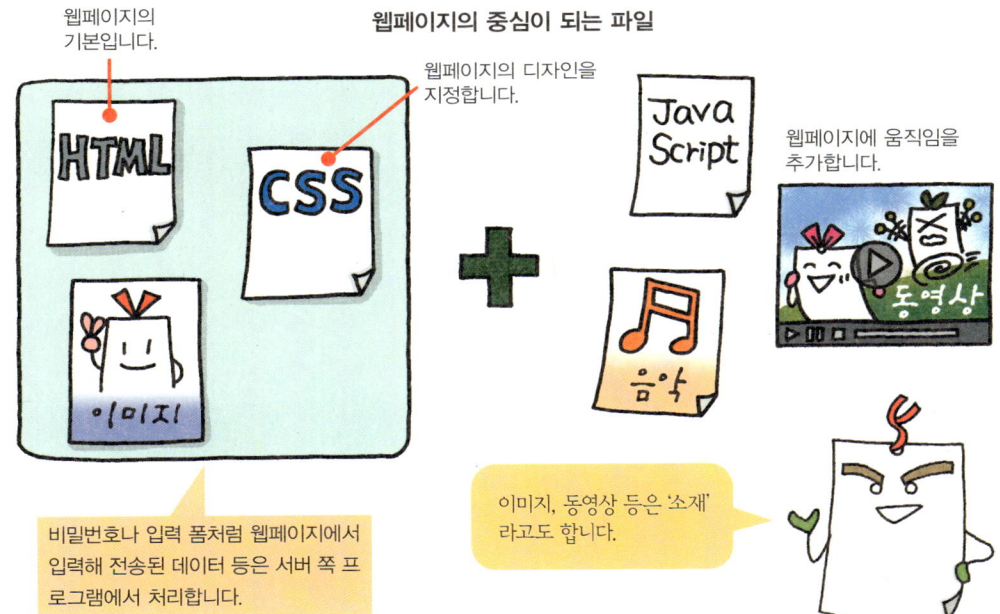

HTML과 CSS

웹페이지 제작에 필요한 것이 HTML과 CSS입니다. 각 파일을 만드는 방법은 2장부터 소개할 것이므로 우선 개요를 살펴봅시다.

HTML

HTML(Hypertext Markup Language)은 웹페이지를 기술하기 위한 언어입니다. 웹페이지가 어떤 구조로 이뤄져 있는지 **태그**라는 전용 표식을 이용해 제목, 단락, 표 등을 정의합니다. 간단한 예를 살펴봅시다.

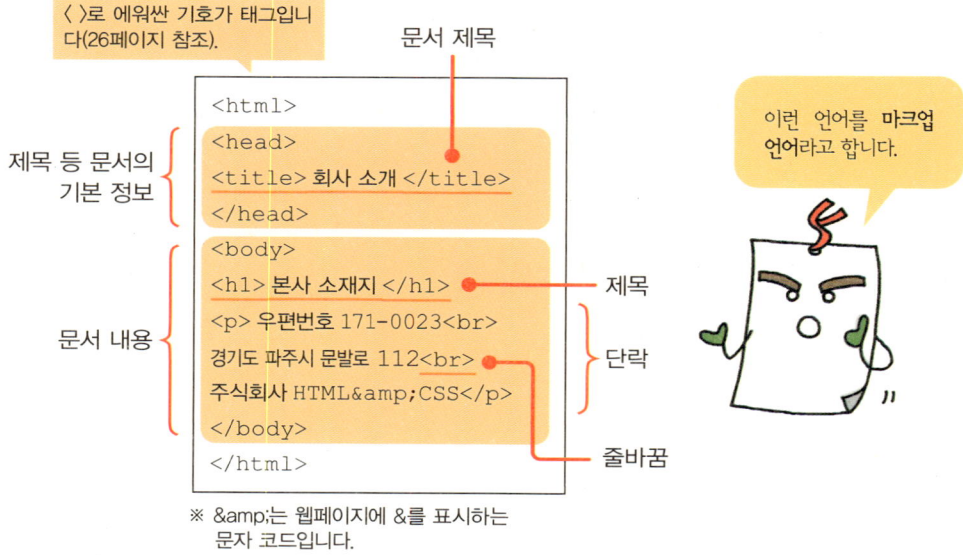

※ &는 웹페이지에 &를 표시하는 문자 코드입니다.

이 HTML 파일을 웹브라우저로 열어 보면 다음과 같이 표시됩니다.

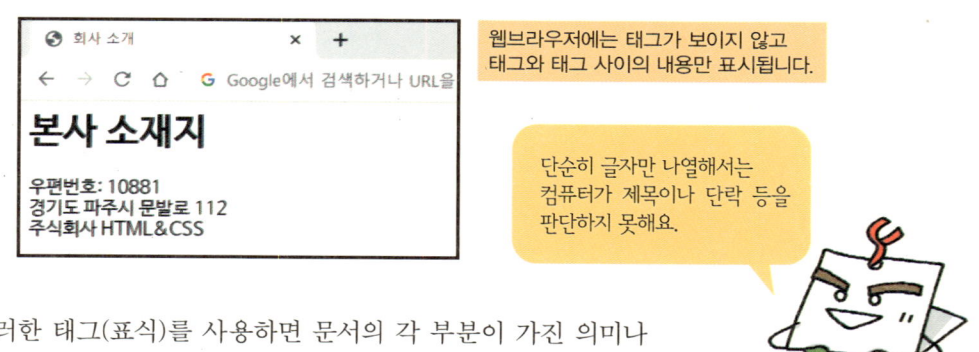

이러한 태그(표식)를 사용하면 문서의 각 부분이 가진 의미나 역할을 웹브라우저가 올바르게 이해할 수 있게 됩니다.

6   1장 / 웹사이트의 개요

CSS

자신의 생각대로 웹페이지의 외관을 변경하고 싶을 때는 **CSS**(Cascading Style Sheets)라는 **스타일 시트 언어**를 이용해 지정합니다. CSS를 이용하면 웹페이지의 레이아웃이나 디자인을 세밀하게 지정하거나 간단하게 변경할 수 있습니다.

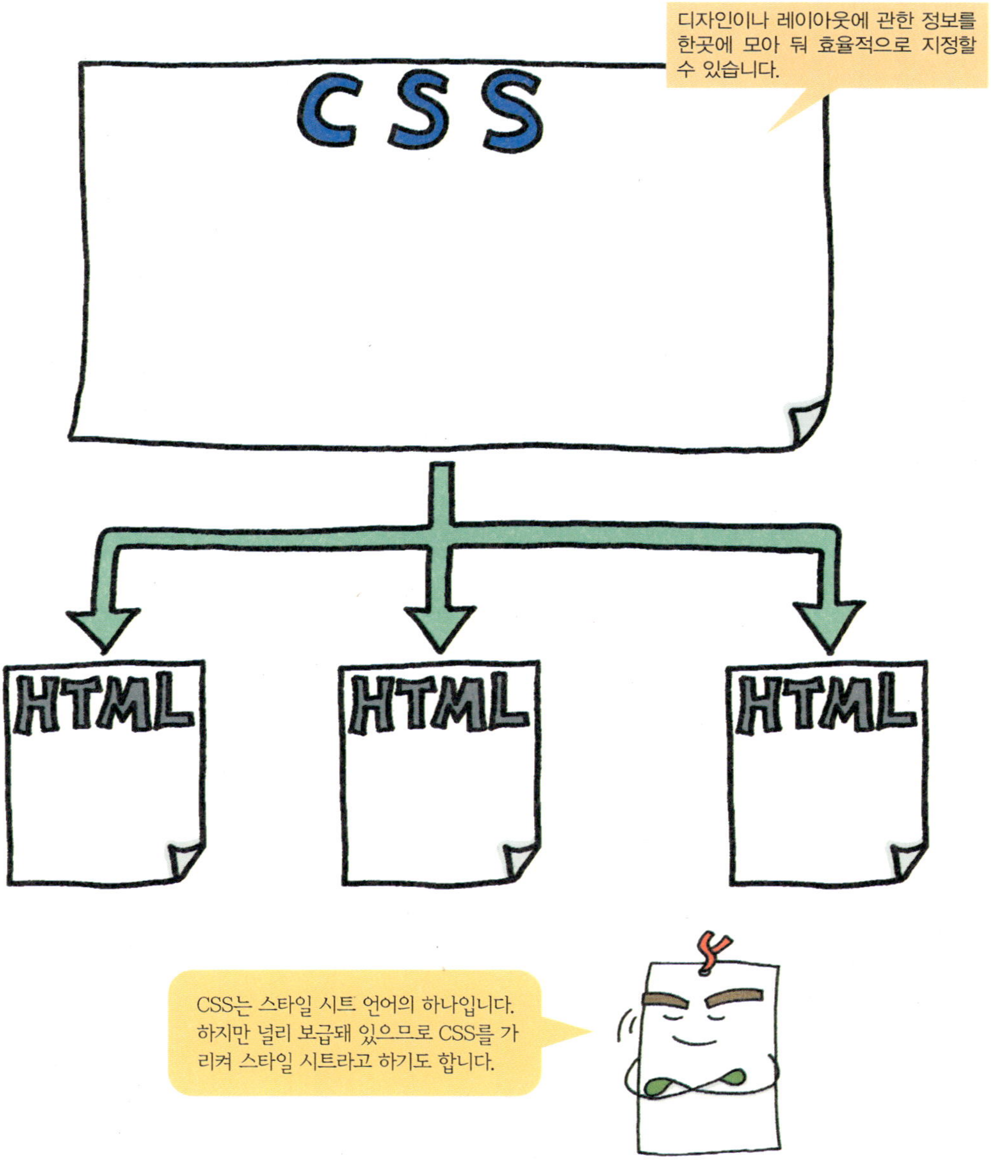

디자인이나 레이아웃에 관한 정보를 한곳에 모아 둬 효율적으로 지정할 수 있습니다.

CSS는 스타일 시트 언어의 하나입니다. 하지만 널리 보급돼 있으므로 CSS를 가리켜 스타일 시트라고 하기도 합니다.

웹사이트의 개요

HTML의 기초

HTML의 요소

CSS의 기초

CSS의 속성 (1)

CSS의 속성 (2)

반응형 디자인

자바스크립트

부록

HTML과 CSS

HTML
CSS

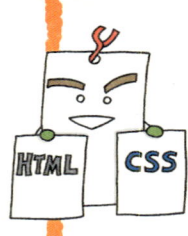

웹브라우저와 웹서버

웹페이지를 열람할 때 필요한 것이 웹브라우저입니다.

웹브라우저란?

웹브라우저는 웹서버에서 보낸 웹페이지 데이터를 받아 사용자가 이해할 수 있는 형식으로 표시하는 애플리케이션(열람 소프트웨어)입니다. 단순히 '**브라우저**'라고도 합니다. PC 버전의 경우, 탭 형식으로 표시하는 **탭 브라우저**가 주류입니다.

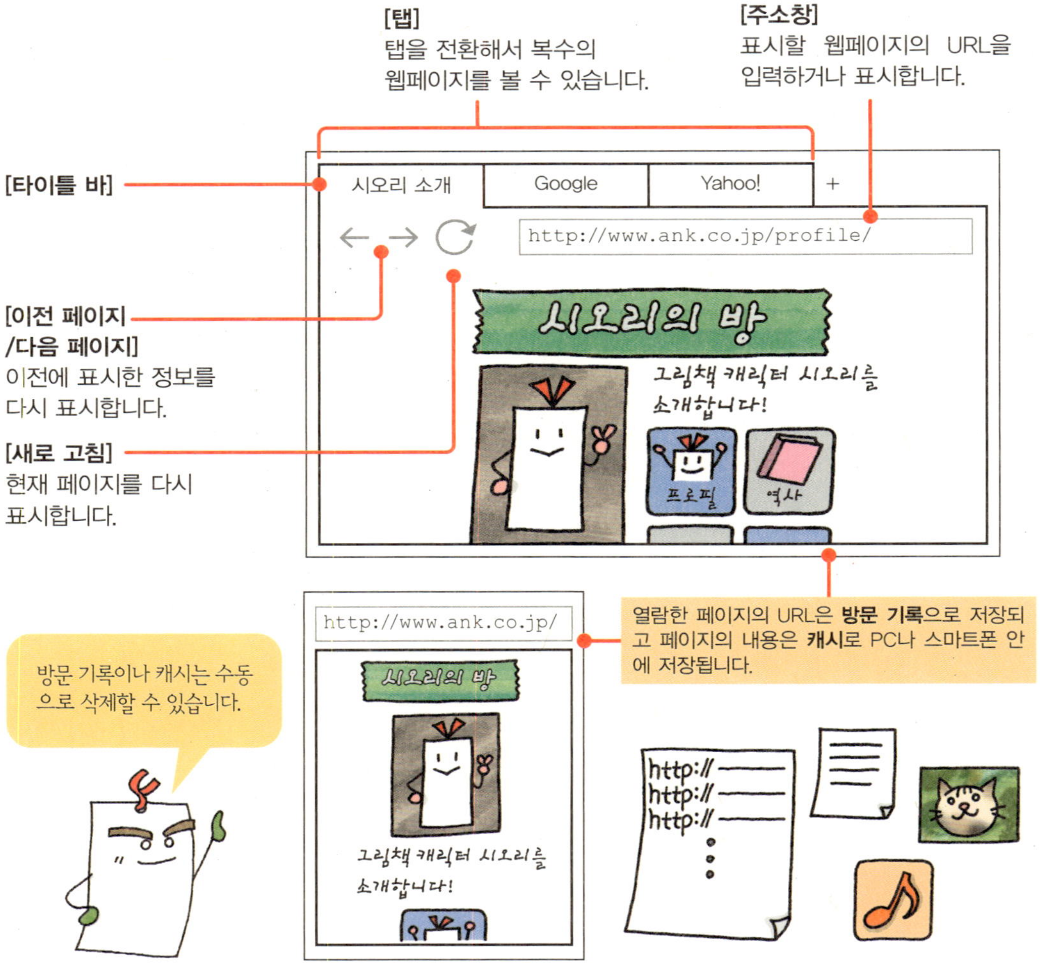
[탭]
탭을 전환해서 복수의 웹페이지를 볼 수 있습니다.
[주소창]
표시할 웹페이지의 URL을 입력하거나 표시합니다.
[타이틀 바]
시오리 소개
Google
Yahoo!
+
http://www.ank.co.jp/profile/
[이전 페이지 /다음 페이지]
이전에 표시한 정보를 다시 표시합니다.
[새로 고침]
현재 페이지를 다시 표시합니다.
시오리의 방
그림책 캐릭터 시오리를 소개합니다!
프로필
역사
http://www.ank.co.jp/
열람한 페이지의 URL은 **방문 기록**으로 저장되고 페이지의 내용은 **캐시**로 PC나 스마트폰 안에 저장됩니다.
방문 기록이나 캐시는 수동으로 삭제할 수 있습니다.
http://
http://
http://

웹브라우저와 웹사이트

웹브라우저는 웹페이지의 하이퍼링크(56페이지)를 통해 인터넷상의 다양한 장소를 오갈 수 있는 기능을 갖고 있습니다. 주소창에 URL(34페이지)을 입력하지 않아도 다른 웹페이지나 웹사이트로 점프할 수 있습니다.

웹사이트의 개요

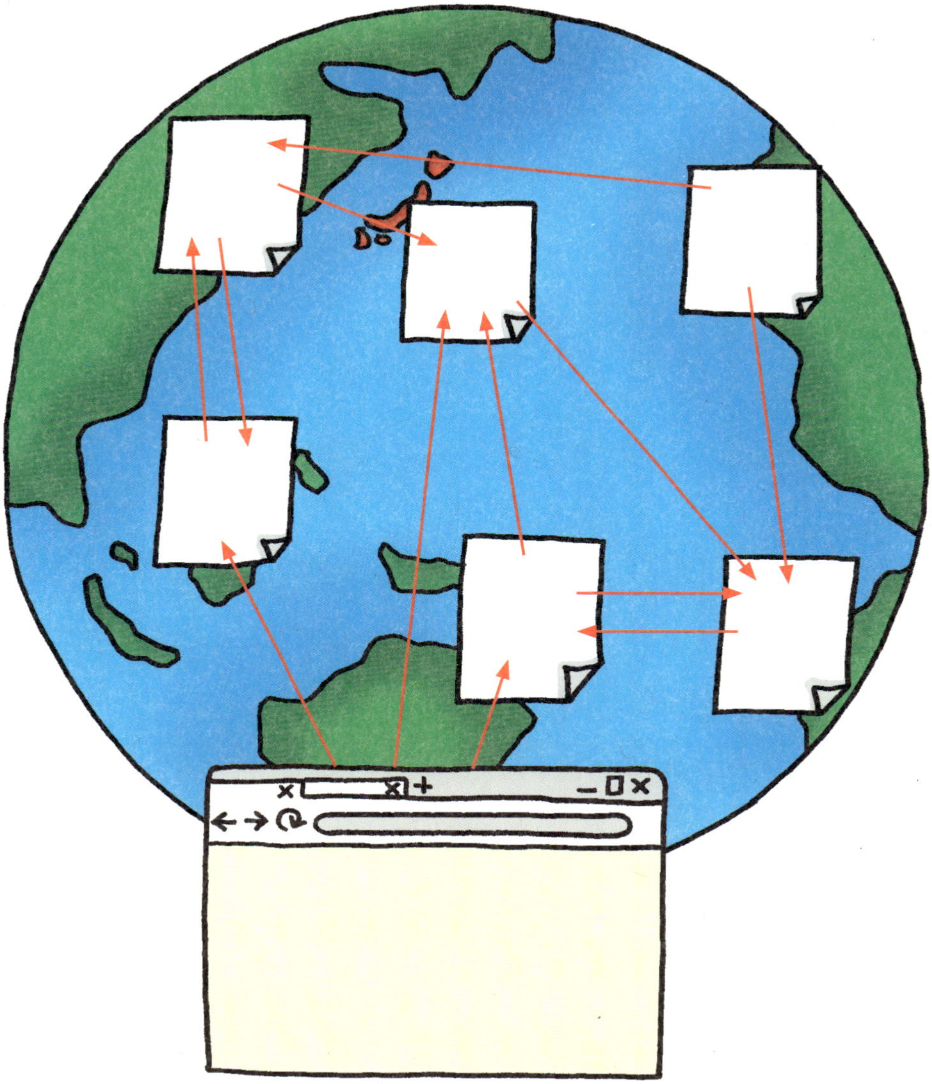

HTML의 기초

HTML의 요소

CSS의 기초

CSS의 속성 (1)

CSS의 속성 (2)

반응형 디자인

자바스크립트

부록

웹브라우저와 웹서버

서버와 클라이언트

통신 서비스의 기본이 되는 서버와 클라이언트 그리고 웹페이지용 데이터를 제공하는 웹서버를 소개합니다.

 ## 웹서버란?

인터넷상의 각종 통신 서비스는 **서버**(서비스를 제공하는 쪽)와 **클라이언트**(서비스를 이용하는 쪽)로 역할이 나뉘어 있는 것이 일반적입니다. 웹페이지용 정보를 저장하고 제공하는 컴퓨터를 **웹서버**라고 합니다.

웹서버 소프트웨어

컴퓨터를 웹서버로서 이용하려면 **웹서버 소프트웨어**라고 불리는 전용 소프트웨어를 설치해야 합니다. 대표적인 예로 **Apache**나 **IIS**, **nginx**가 있습니다.

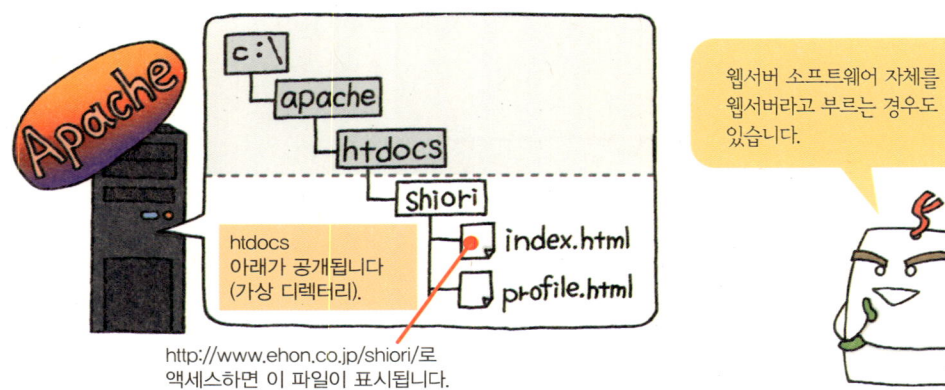

웹서버와의 통신

웹서버와 웹브라우저는 **HTTP**(Hypter Text Transfer Protocol) 프로토콜(통신 방식)을 이용해 통신합니다. HTTP 프로토콜은 하나의 요청에 대해 하나의 응답을 반환하는 특징이 있습니다.

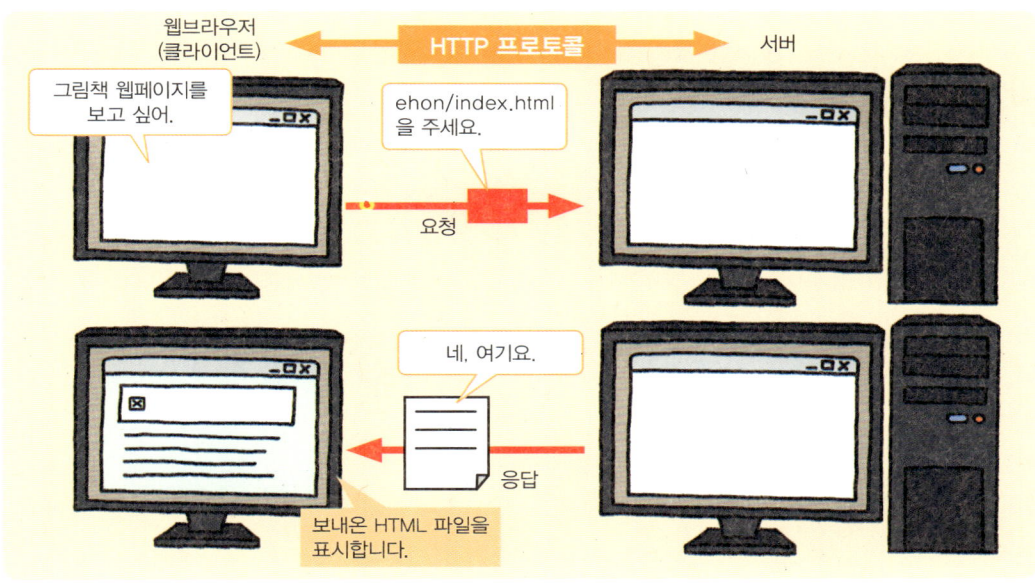

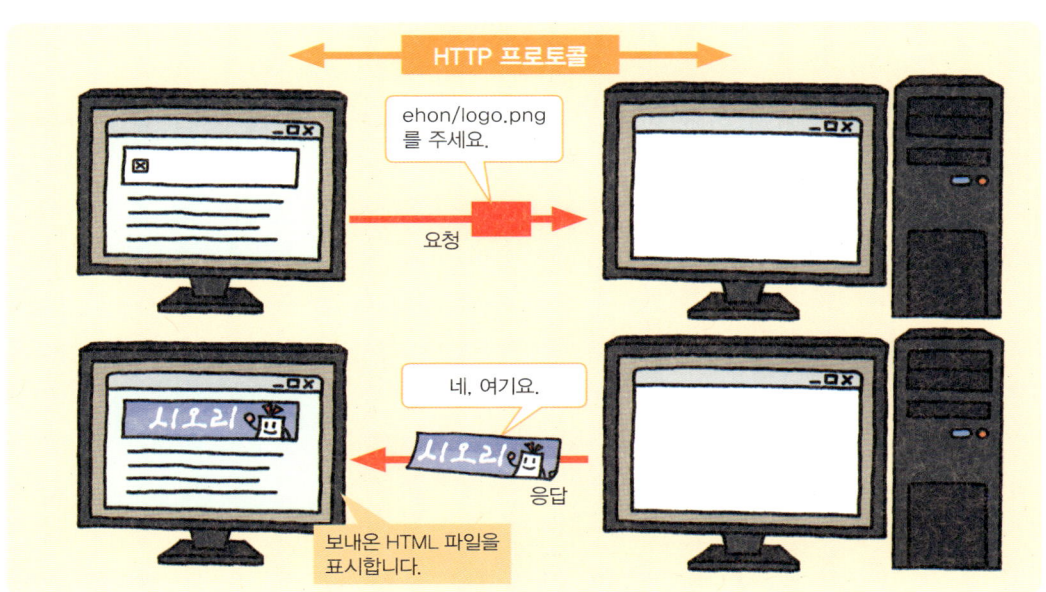

웹페이지를 표시하기 위해서는 이처럼 필요한 파일 수만큼 통신을 반복합니다.

서버와 클라이언트

데이터베이스

컴퓨터 세계에서는 다양한 소프트웨어가 데이터베이스를 이용합니다. 물론 웹 페이지에서도 데이터베이스를 이용합니다.

 ## 데이터베이스란?

대량의 데이터를 빠르게 처리할 수 있도록 모아놓은 것을 **데이터베이스(DB)**라고 합니다. 소프트웨어는 데이터베이스를 이용함으로써 데이터를 손쉽게 가져오거나 저장할 수 있게 됩니다.

〉〉 데이터베이스 관리 시스템

데이터베이스는 **데이터베이스 관리 시스템**(DBMS: DataBase Management System) 소프트웨어로 관리합니다.

DBMS의 주요 기능
- 데이터 입력, 갱신, 삭제
- 데이터 정렬, 검색
- 데이터 공유(데이터를 복수의 소프트웨어와 공유한다)

웹과 데이터베이스

웹애플리케이션(167페이지)에서 정보를 가져오거나 추가할 때도 데이터베이스를 이용합니다.
웹애플리케이션에서 데이터베이스를 이용할 경우, 다음과 같은 흐름으로 처리됩니다.

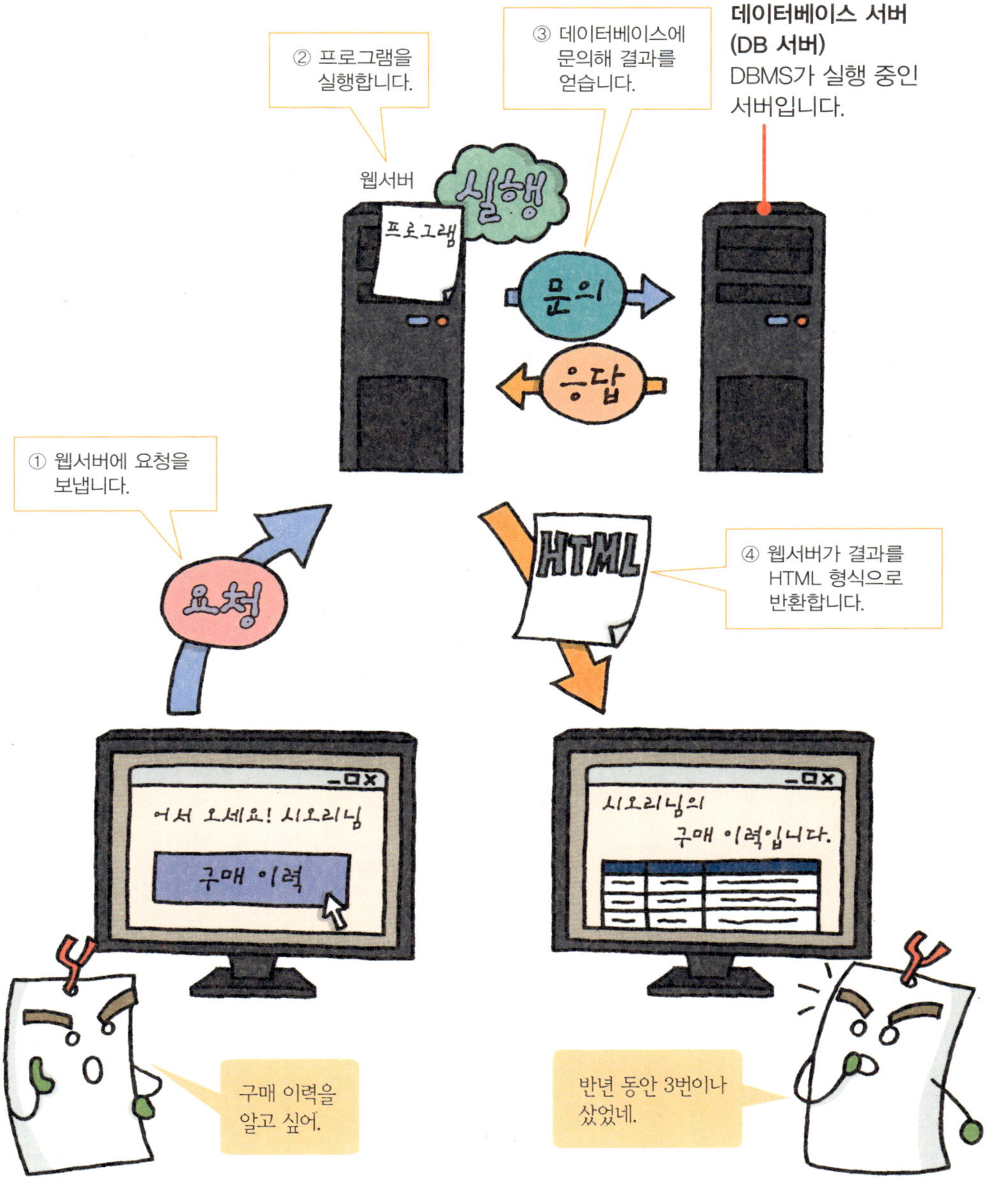

② 프로그램을 실행합니다.

③ 데이터베이스에 문의해 결과를 얻습니다.

데이터베이스 서버 (DB 서버)
DBMS가 실행 중인 서버입니다.

웹서버

실행
프로그램
문의
응답

① 웹서버에 요청을 보냅니다.

요청

HTML

④ 웹서버가 결과를 HTML 형식으로 반환합니다.

어서 오세요! 시오리님
구매 이력

구매 이력을 알고 싶어.

시오리님의 구매 이력입니다.

반년 동안 3번이나 샀었네.

데이터베이스 13

쿠키

쿠키(Cookie)는 웹서버가 발행한 데이터를 웹브라우저 쪽의 특정 위치에 저장해 두는 기술입니다.

 ## 쿠키란?

웹서버와 웹브라우저 사이의 통신은 매번 종료되므로 과거에 했던 통신과 연속성이 없습니다. 따라서 서버가 지난번과 같은 사용자와 통신하는지 판단하는 기술(정보)이 필요합니다. 이때 **쿠키**(Cookie)라는 기술을 사용합니다.

≫ 쿠키의 용도

예를 들어 다음과 같은 상황에서 쿠키를 이용합니다.

사용자 인증을 간소화합니다.

온라인 쇼핑 장바구니 상태를 관리합니다.

웹페이지 열람 시간이나 사용자의 기호 등을 파악합니다.

쿠키의 동작 원리

쿠키는 웹서버가 내보낸 데이터를 웹브라우저를 통해 방문자의 컴퓨터에 일시적으로 저장하는 기술입니다. 저장한 데이터를 다음 번 연결 시 서버에 제시하면 서버는 사용자를 인식해 지난 번과 연속적인 통신으로서 다룰 수 있습니다.

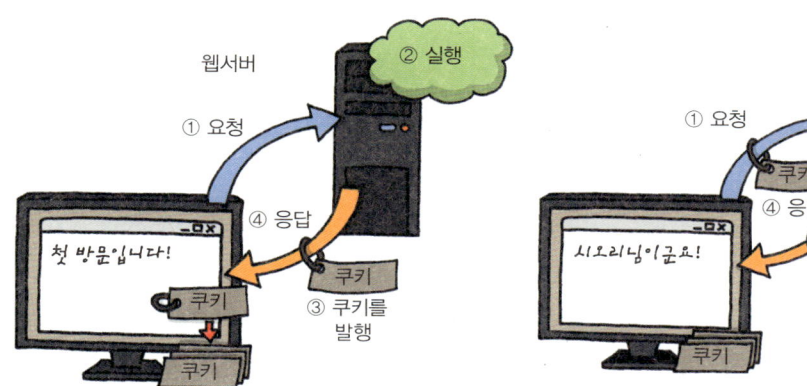

처음 서버에 접속했을 때 전용 쿠키 데이터가 발행됩니다. 웹브라우저는 전송된 쿠키 데이터를 저장해 둡니다.

웹브라우저는 다음 요청 시에 저장해 둔 쿠키를 서버에 제시합니다. 서버는 쿠키를 이용해 이전에 접속했던 웹브라우저인지 특정할 수 있습니다.

≫ 쿠키에 기록되는 정보

쿠키의 내용은 접속하는 웹사이트에 따라 달라지지만, 사용자 관련 정보, 마지막 웹사이트 방문 일시나 웹사이트 방문 횟수 등 다양한 정보를 기록할 수 있습니다.

쿠키 저장 장소는 웹브라우저의 종류나 버전에 따라 다릅니다.

≫ 유효 기간

쿠키 유효 기간은 일반적으로 '웹브라우저를 종료할 때까지'입니다. 유효 기간을 설정하면, 웹브라우저를 종료해도 정보가 지정한 기간까지만 저장되고 기간이 지나면 자동으로 삭제됩니다.

도메인과 URL

컴퓨터의 주소는 IP 주소로 표시되는데, 숫자만 나열되면 기억하기 어렵습니다.

도메인

네트워크에 연결되는 기기에는 각각을 식별하기 위해 **IP 주소**라는 번호가 할당됩니다. 이 IP 주소를 사람이 기억하기 쉽게 영문자나 숫자 등으로 된 문자열로 치환한 것을 **도메인**(도메인 이름)이라고 하며 다음과 같은 구조로 돼 있습니다.

이 도메인이 나타내는 것은 '한국의 출판사 성안당의 WWW 서버'입니다. 계층 구조로 돼 있으며 그룹의 규모는 뒤로 갈수록 커집니다.

gTLD

com이나 org 등 국가에 관계없이 이용할 수 있는 조직의 속성을 **gTLD**(generic Top Level Domain)라고 합니다. gTLD를 이용하는 경우에는 국가 코드가 필요 없습니다. 반면, 국내에서만 이용할 수 있는 조직 속성(co 등)을 **ccTLD**(country code Top Level Domain)라고 합니다.

주요 gTLD	의미
com	commercial의 약자로, 상업용입니다.
org	organization의 약자로, 비영리 단체용입니다.
net	network의 약자로, 네트워크 관련 기업용입니다.
biz	business의 약자로, 비즈니스용입니다.
info	information의 약자로, 정보 서비스 관련 기업용입니다.

의미대로 사용하지 않아도 취득할 수 있어요.

1장 / 웹사이트의 개요

URL의 의미

도메인 이름이 포함되는 좋은 예가 웹페이지 등의 위치를 나타내는 **URL**(Uniform Resource Locator)입니다. 다음 URL을 예로 들어 URL의 구조를 자세히 살펴보겠습니다.

스킴
서비스의 종류를 나타냅니다.

http://www.cyber.co.kr/book/shiori/index.html

':'(콜론)으로 구분합니다.

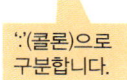 **도메인**
서버를 특정합니다.

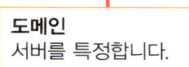 **경로**
서버 내 파일의 위치입니다.

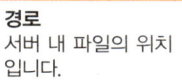 **파일명**
파일 이름은 생략하는 경우도 있습니다.

이렇게 기술함으로써 '성안당 WWW' 서버의 'book' 폴더 아래 'shiori' 폴더 안에 있는 'index.html 파일'을 나타낼 수 있습니다.

 ## 스킴

스킴은 어떤 방식으로 통신할지 나타내는 것입니다. http, https, mailto 등이 있습니다.

스킴	서비스 종류
http	WWW
https	암호화된 WWW
mailto	전자 메일

URL은 WWW 이외의 서비스에도 이용됩니다.

웹사이트의 개요

HTML의 기초

HTML의 요소

CSS의 기초

CSS의 속성 (1)

CSS의 속성 (2)

반응형 디자인

자바스크립트

부록

도메인과 URL

칼럼

~ W3C 사양이 정해지는 과정 ~

W3C에서 정해지는 사양은 다음과 같은 단계를 거쳐 결정됩니다. 책정 단계의 마지막이 권고입니다. W3C 웹사이트를 참조할 때는 어느 단계의 사양인지 확인하는 것이 중요합니다.

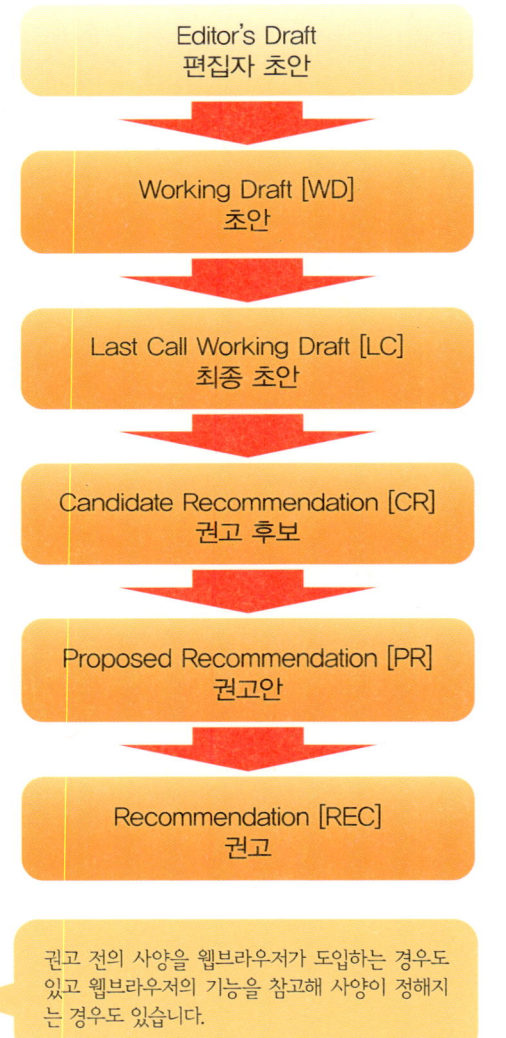

논의해서 문제가 많으면 초안으로 되돌아가기도 합니다.

권고 전의 사양을 웹브라우저가 도입하는 경우도 있고 웹브라우저의 기능을 참고해 사양이 정해지는 경우도 있습니다.

2

HTML의 기초

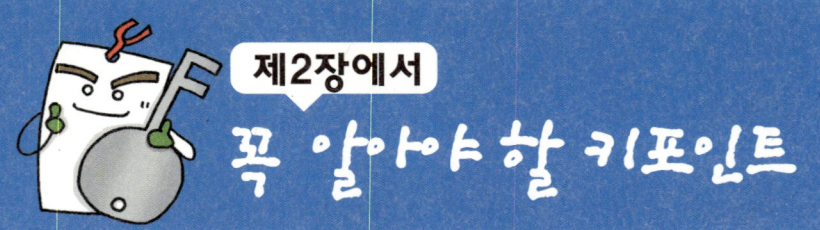

제2장에서 꼭 알아야 할 키포인트

우선 HTML을 기술하기 위한 기본부터

이 책에서 학습할 HTML은 공식적으로 **HTML Living Standard**라고 합니다. 지금까지 사용하던 **HTML5**를 대체하는 새로운 표준입니다. 기본적인 HTML 문법에는 큰 차이가 없으며 이전에 HTML5를 사용해 본 경험이 있다면 그 지식을 활용할 수 있으므로 안심하세요. 경험이 없더라도 HTML은 텍스트 편집기만 있으면 만들 수 있는 텍스트 파일이므로 지금 당장 시작할 수 있습니다. 실제로 하나하나 작성해 가면서 알아봅시다.

HTML이 **태그**를 이용해 문서 구조를 나타내는 **마크업 언어**라는 사실은 이미 배웠습니다. 태그는 요소 이름을 < >로 묶은 기호이고 해당 요소에 대한 자세한 정보를 속성으로 지정할 수 있습니다. 태그에는 시작 태그와 끝 태그가 있고 기본적으로 이 두 태그로 에워싼 범위를 **요소**라고 부릅니다. 이미 태그로 지정된 범위(요소) 안에 다른 태그를 넣어 정보를 추가할 수도 있는데, 이를 **중첩**이라고 합니다. 중첩된 경우, 바깥쪽 태그 범위를 **부모 요소**, 안쪽 태그 범위를 **자식 요소**라고 부릅니다.

여러 가지 용어가 나와서 어렵게 느껴질 수도 있지만, 조금씩 익혀가도록 합시다.

DOCTYPE 선언과 URL에 관해 학습한다

　HTML 파일의 첫머리에는 **DOCTYPE 선언**을 기술합니다. DOCTYPE 선언은 문서가 어떤 버전의 HTML 규칙을 따르는지 나타냅니다. HTML Living Standard 또는 HTML5 이전, HTML4.0/4.01 버전까지는 HTML에서 사용할 수 있는 요소 및 속성 등이 정의된 문서 유형 정의(DTD: Document Type Definition) 위치까지 포함한 매우 긴 문자열을 기술해야 했지만, HTML5부터는 짧고 간단하게 기술할 수 있게 됐습니다.

　2장에서는 파일 위치나 링크 대상을 지정하는 URL 작성 방법도 소개합니다. 1장에서 다룬 URL은 http://로 시작했습니다. 그런데 URL을 작성할 때 웹서버에 저장된 HTML 파일의 위치 관계에 따라 URL의 일부를 생략할 수도 있습니다. 전자를 절대 URL, 후자를 상대 URL이라고 합니다. 모든 URL을 http://로 시작해도 되지만, 파일을 간결하게 만들려면 생략할 수 있는 부분은 생략하는 편이 좋습니다. 위치 관계에 따라 URL 작성법이 달라지므로 상대 URL이 까다롭긴 하지만, 차근차근 익혀나가기를 바랍니다.

제2장에서 꼭 알아야 할 키포인트

현재 표준 HTML에 대해서

현재 표준 사양이 된 HTML을 소개합니다.

🔓 HTML Living Standard

현재 표준 사양이 된 HTML의 정식 명칭은 **HTML Living Standard**라고 하며, WHATWG라는 단체가 책정하고 있습니다.

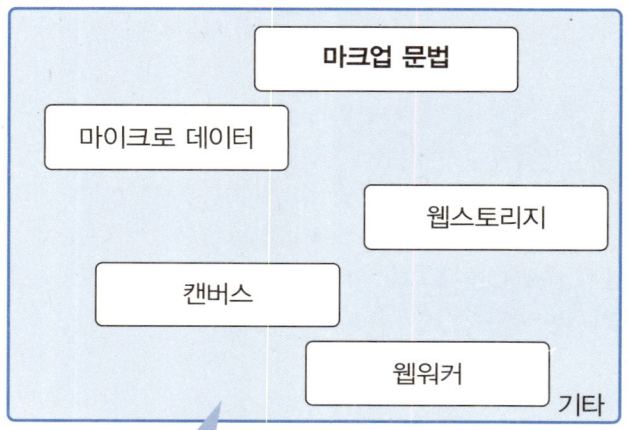

이 책이 다룰 것은 이전부터 내려온 마크업 언어 부분입니다.

문서의 구조를 나타내는 마크업 문법뿐만 아니라 웹 애플리케이션(167페이지), 웹 사이트 개발에 대응할 수 있는 다양한 기술도 포함돼 있습니다.

≫ WHATWG란?

WHATWG(Web Hypertext Application Technology Working Group)란, HTML이나 웹 기술 개발을 진행하는 조직입니다. 애플(Apple), 모질라(Mozilla), 오페라(Opera) 개발자들에 의해 2004년에 설립됐고 이후에 구글과 마이크로소프트에서도 참여했습니다.

모두 웹브라우저 개발사라서 웹 개발자나 사용자의 요구를 잘 알고 있었지요.

HTML5와의 관계

이전에는 웹 기술 표준화 단체인 W3C가 HTML 사양을 책정했기 때문에 한때는 2가지 규격이 존재했습니다. 하지만 W3C 규격이 2021년 1월 28일에 폐지되면서 HTML Living Standard가 HTML의 유일한 표준이 됐습니다.

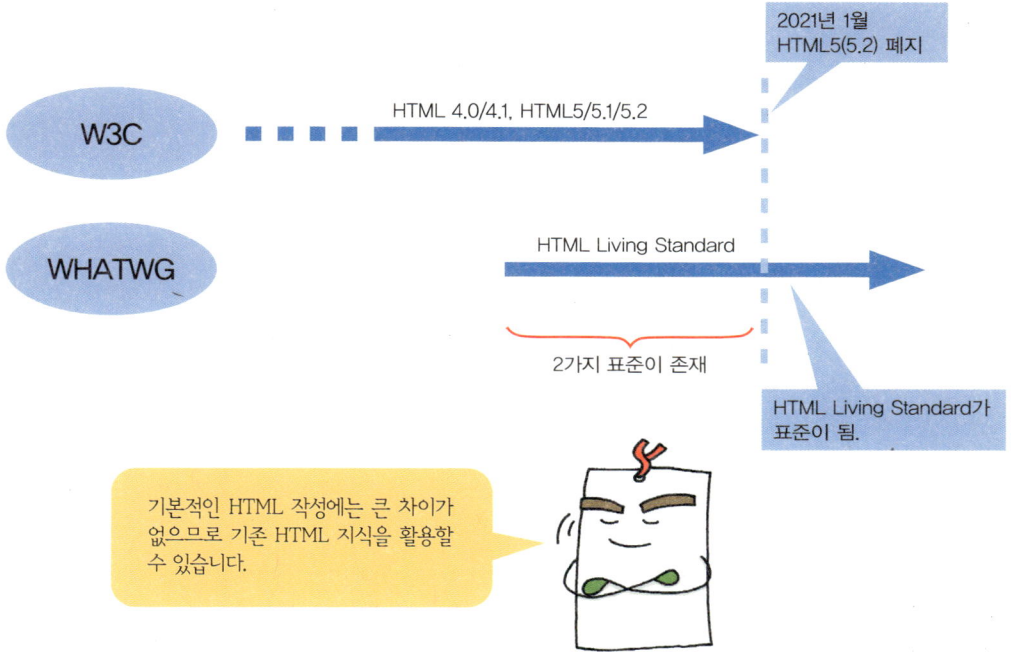

≫ HTML5와 HTML Living Standard의 차이

가장 큰 차이는 W3C의 사양은 여러 단계를 거쳐 최종적으로 확정되는 반면(18페이지), HTML Living Standard는 나날이 갱신된다는 점입니다. 따라서 버전이라는 개념도 없습니다.

현재 표준 HTML에 대해서 **23**

HTML 파일 만들기

HTML이 어떤 것인지 알기 위해서 우선 간단한 HTML 파일을 만들어 웹브라우저로 표시해 봅시다.

HTML 파일 만들기

HTML 파일은 텍스트 파일이므로 일반 텍스트 편집기로 만들 수 있습니다. 텍스트 편집기에 다음과 같이 입력하세요.

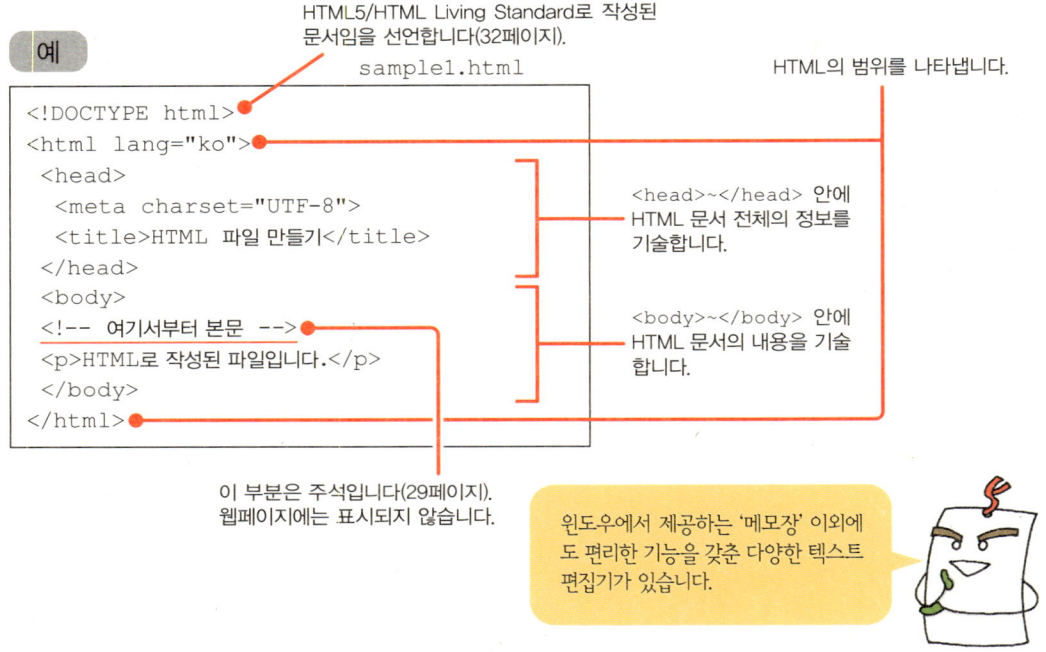

HTML 파일의 확장자는 '**.html**' 또는 '**.htm**'입니다. 파일 이름은 'sample1.html', 문자 코드는 'UTF-8'(33페이지)로 지정하고 임의의 폴더에 저장하세요. HTML 파일이 만들어집니다.

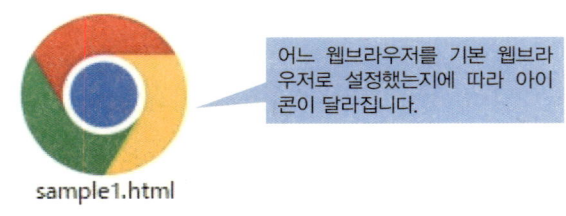

※ 확장자가 보이게 설정된 상태입니다.

저장한 파일의 **경로**(위치)를 확인합시다. 윈도우라면 파일의 위치를 탐색기로 열어 다음과 같이 확인할 수 있습니다.

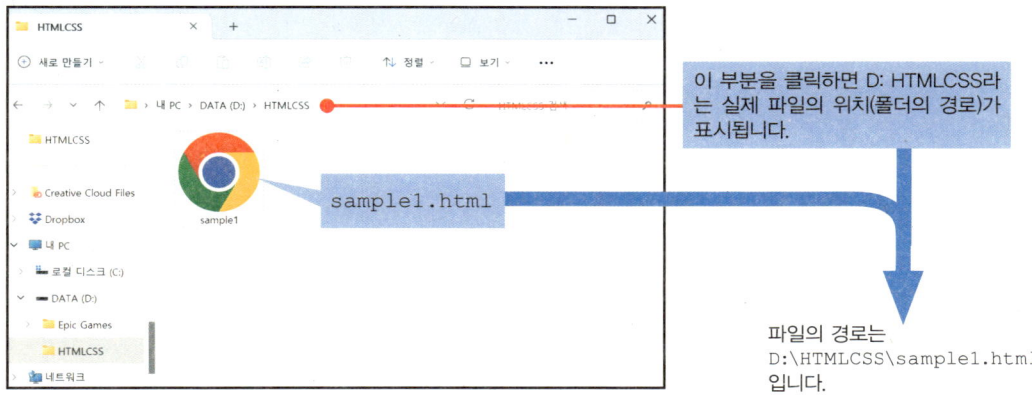

경로를 웹브라우저의 주소창에 입력하면 HTML 파일을 웹페이지처럼 열 수 있습니다.

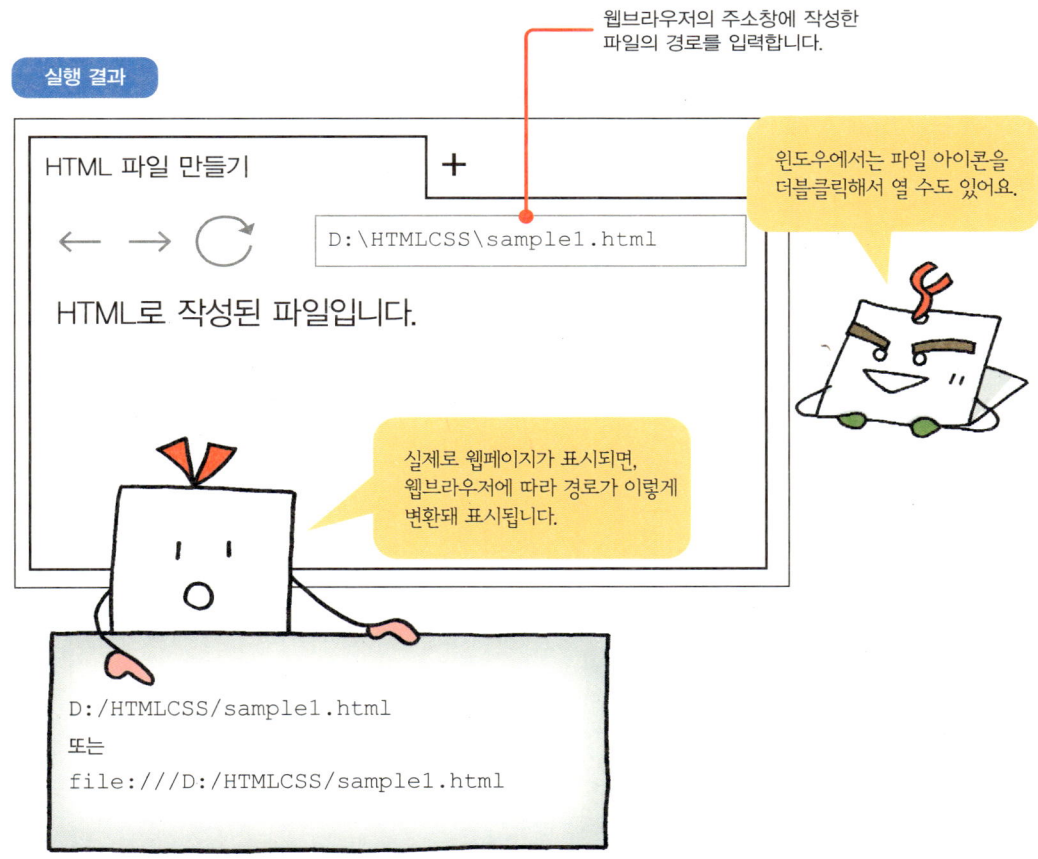

태그와 요소, 속성

HTML 문서의 가장 기본적인 구성을 살펴봅시다.

 ## 태그와 요소

〈 〉로 에워싼 기호를 **태그**라고 하고 웹페이지의 구조를 나타내는 데 사용합니다. 태그에는 **요소 이름**을 〈 〉 사이에 넣은 **시작 태그**와 요소 이름 앞에 '/'를 붙이는 **종료 태그**가 있습니다. 시작 태그와 종료 태그로 감싼 부분 전체를 **요소**라고 합니다.

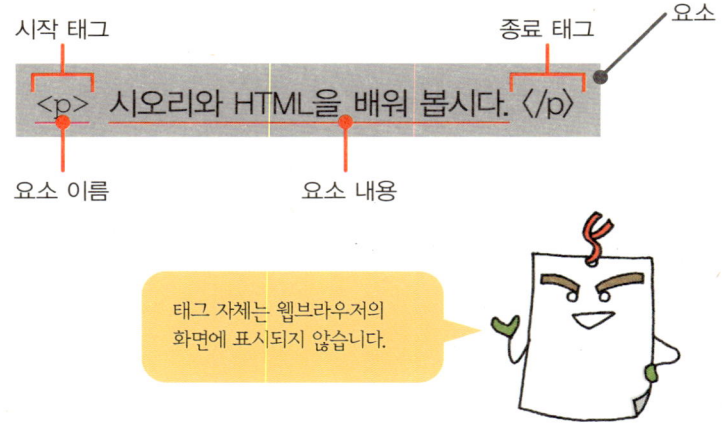

≫ 종료 태그가 없는 요소

요소 내용이 없이 시작 태그만으로 요소가 되는 것도 있습니다.

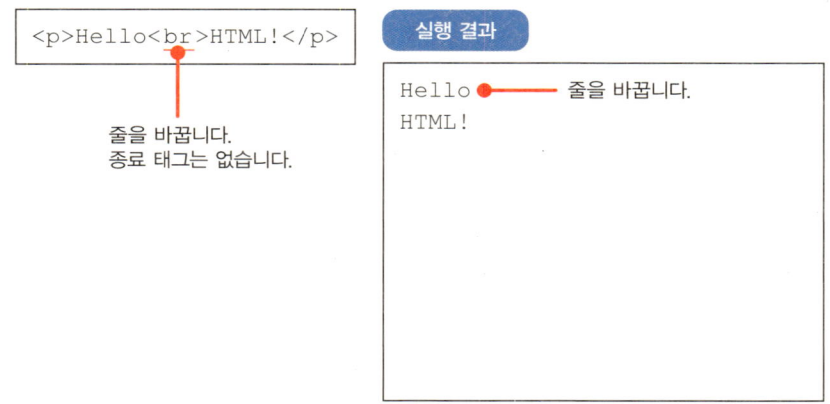

속성과 값

태그에 **속성**을 지정해 그 요소의 성질이나 역할 등 상세 정보를 갖게 할 수 있습니다. 시작 태그의 요소 이름 뒤에 스페이스를 넣고 속성 이름="값"의 조합으로 기술합니다.

```
<a href="http://www.cyber.co.kr/"> 성안당 웹사이트 </a>
```

여러 속성을 지정하는 경우에는 각각 스페이스로 구분합니다.

```
<textarea name="comment" rows="5" cols="50"> 의견·감상 </textarea>
```

※ textarea 요소에 대해서는 66페이지를 참조하세요.

▶ 값의 종류

값은 속성에 따라 미리 정해져 있는 것과 문서 작성자가 지정하는 것이 있습니다.

정해져 있는 것

문서 작성자가 지정하는 것
(수치나 문자열 등)

요소 이름이나 속성 이름은 대문자, 소문자를 구별하지 않아요.

부모 요소와 자식 요소, 주석

태그를 중첩해서 정보를 덧붙이거나 문서에 주의 사항을 넣을 수도 있습니다.

 중첩

중첩이란, 이미 태그가 달린 요소 안에 다른 태그를 지정해 정보를 추가하는 것입니다. 중첩으로 할 때는 종료 태그가 서로 호응하도록 더 안쪽에 있는 태그부터 차례대로 닫아 줍니다.

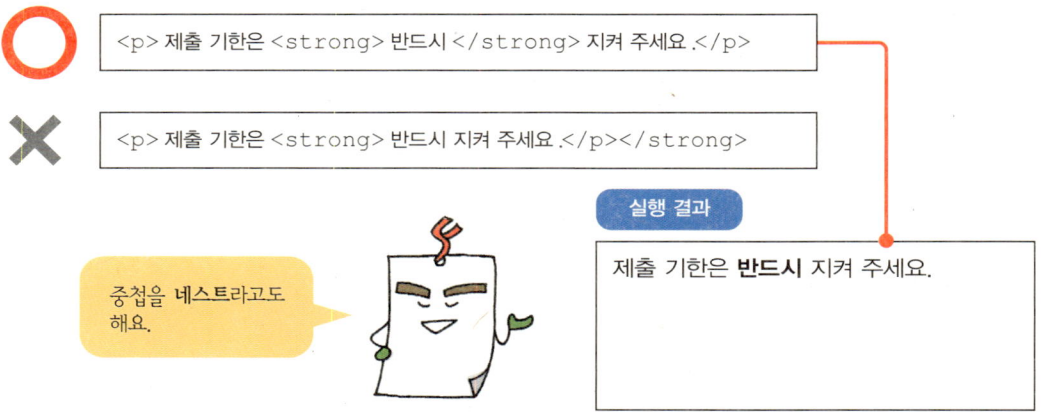

> 중첩을 네스트라고도 해요.

≫ 부모 요소와 자식 요소

요소가 중첩된 경우, 바깥쪽에서 다른 요소를 포함하는 요소를 **부모 요소**, 안쪽에서 부모 요소에 포함되는 요소를 **자식 요소**라고 합니다.

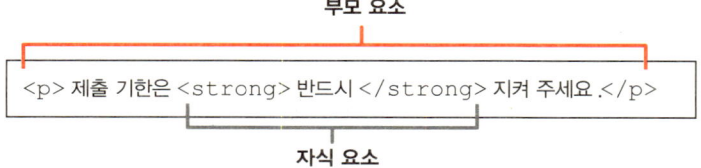

어느 요소가 어느 요소를 포함할 수 있는지 사양으로 정해져 있습니다. 설명이 복잡하므로 이 책에서는 생략하지만, 인터넷이나 다른 서적으로 확인해 볼 수 있습니다.

예

- HTML Living Standard
  https://html.spec.whatwg.org/multipage/
  '4 The elements of HTML' 중 각 요소의 'Content model'

- MDN Web Docs(HTML: HyperText Markup Language)
  https://developer.mozilla.org/ko/docs/Web/HTML
  'HTML Elements' 요소 중 각 요소의 '가능한 부모 요소'

주석

주석은 <!-- 와 --> 사이에 들어가는 부분입니다. 주석은 웹브라우저의 화면에 표시되지 않으므로 메모를 삽입하거나 임시로 문서 일부를 숨기고 태그를 무효로 할 때 이용할 수 있습니다.

태그를 주석으로 감싸 무효로 만들 수 있습니다.

여러 행이라도 상관없습니다.

실행 결과

주석 안에 다시 주석을 넣을 수는 없어요.

부모 요소와 자식 요소, 주석　29

요소 지정하기

요소를 특정하기 위해 이용하는 속성을 소개합니다.

 **id와 class**

속성 중에는 **전역 속성**이라고 하는 거의 모든 요소에 지정할 수 있는 속성이 있습니다. 그중에서도 중요한 것으로 **id 속성**과 **class 속성**이 있습니다. 이 속성들은 스타일시트나 자바스크립트와 함께 사용됩니다.

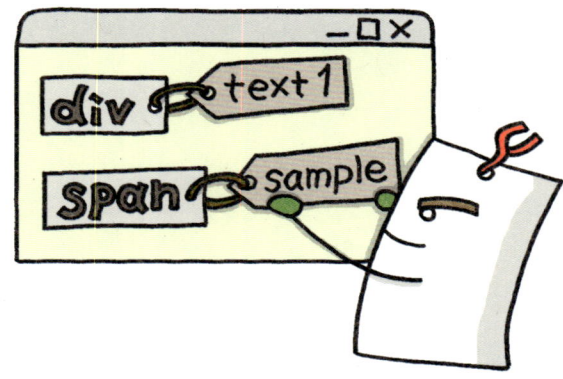

≫ id 속성

id 속성은 요소에 식별자를 지정합니다. 하나의 도큐먼트 안에 같은 이름의 id를 지정할 수 없습니다.

```
<div id="name">
```

≫ class 속성

class 속성은 요소에 클래스 이름을 지정합니다. 하나의 도큐먼트 안에 같은 클래스를 여러 개 지정할 수 있습니다.

```
<div class="name">
```

```
<p class="name">
```

class 속성을 사용하면 복수의 요소에 같은 스타일을 적용할 수 있습니다.

다음은 class 속성과 id 속성을 참조해서 스타일시트를 적용하는 예제입니다.

예

```html
<!DOCTYPE html>
<html lang="ko">
<head>
  <meta charset="UTF-8">
  <title>그림책 소개</title>
  <style>
    p.text{
       color: #db535a;
    }
    #header{
       background-color: #0089be;
       color: #ffffff;
    }
  </style>
</head>
<body>
   <h1 id="header"> 그림책 시리즈에 대해서 </h1>
   <p class="text"> 일러스트를 사용해 설명하므로 재미있게 학습할 수 있습니다.</p>
   <p class="text"> 그림책 시리즈는 전국 서점에서 구입할 수 있습니다.</p>
   <p> 꼭 한 번 읽어 보세요</p>
</body>
</html>
```

- p 요소 중 class="text"인 요소의 글자색을 설정합니다.
- id="header"인 요소의 배경색과 글자 크기를 설정합니다.
- 이 부분에서 CSS를 설정합니다.
- 적용된다
- 적용된다

실행 결과

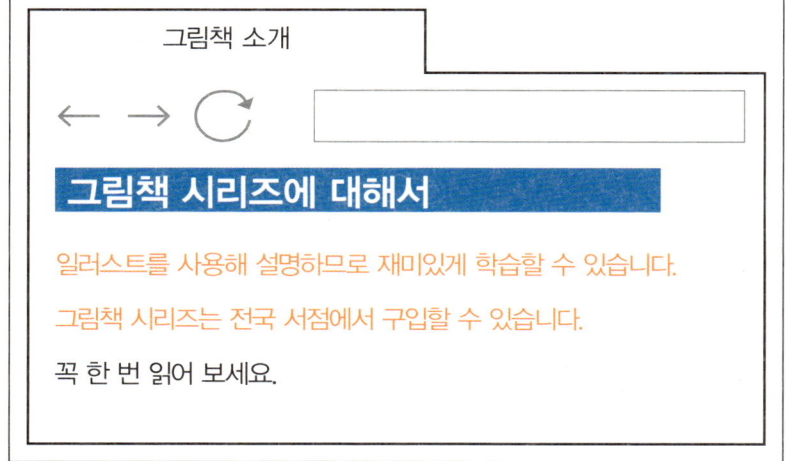

요소 지정하기 31

DOCTYPE 선언, 문자 코드 지정

24페이지의 예에서 사용한 HTML 파일 작성에 필요한 기본 문법을 좀 더 살펴봅시다.

 ## DOCTYPE 선언

HTML 문서에서는 그 문서가 어느 버전의 HTML을 따라 작성됐는지 문서 첫머리에서 선언합니다. 이를 **DOCTYPE 선언** 또는 **문서형 선언**이라고 합니다. 다음 한 줄을 문서 첫머리에 기술합니다.

```
<!DOCTYPE html>
```

HTML Living Standard로 HTML을 기술합니다.

```
<!DOCTYPE html>
<html lang="ko">
<head>
  <meta charset="UTF-8">
  <title>시오리와 배우는HTML</title>
</head>
<body>
<p>시오리와HTML을 학습해 봅시다.</p>
</body>
</html>
```

웹브라우저는 이 선언을 보고 HTML이나 CSS 표시 방법을 바꿉니다. 선언이 있으면, 사양대로 바르게 표준으로 표시합니다. 필수 항목으로 돼 있으므로 확실하게 기술하도록 합시다.

실행 결과

시오리와 배우는 HTML

시오리와 HTML을 학습해 봅시다.

문자 코드 지정

컴퓨터에서는 문자를 문자 자체로 다루지 않고 문자 하나하나를 수치와 대응시켜 관리합니다. 이 문자에 할당된 번호를 문자 코드라고 합니다. 또한 이 대응 관계의 규칙 자체를 **문자 코드**라고 부르기도 합니다.

다양한 종류의 문자 코드가 있어요.

HTML 문서의 문자를 웹브라우저가 올바르게 인식할 수 있도록 문서 안에서 문자 코드를 지정합니다. HTML Living Standard에서는 다양한 나라의 문자에 대응할 수 있는 **UTF-8**로 지정하도록 돼 있습니다.

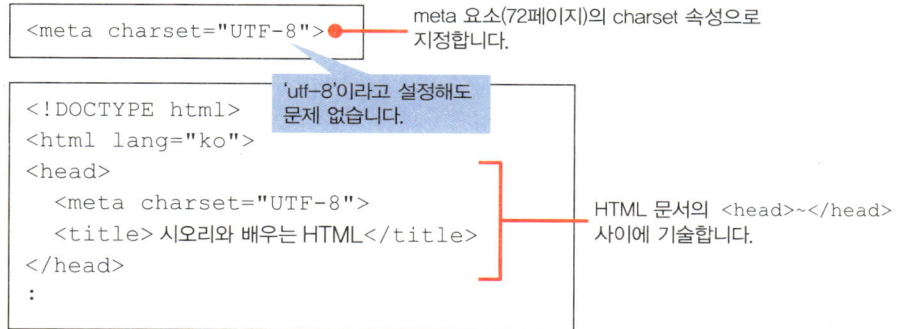

meta 요소(72페이지)의 charset 속성으로 지정합니다.

'utf-8'이라고 설정해도 문제 없습니다.

HTML 문서의 `<head>~</head>` 사이에 기술합니다.

또한 파일 자체를 UTF-8로 저장해 주세요.

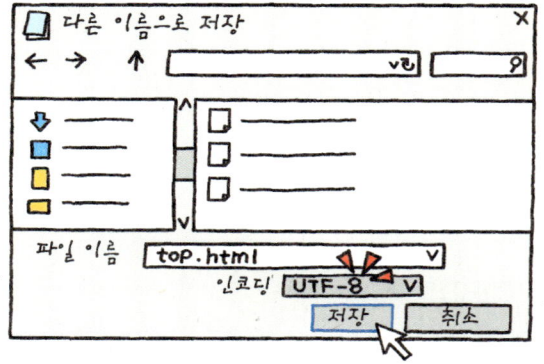

파일은 편집기 등에서 문자 코드를 설정하거나 변환할 수 있어요.

절대 URL과 상대 URL

웹사이트를 만들 때 파일의 위치나 링크를 지정하는 지식은 필수입니다.

URL

URL(Uniform Resource Locator)은 HTML 문서나 이미지 파일, 음성, 동영상 파일 등 인터넷상에 존재하는 다양한 데이터의 위치를 나타내는 방법입니다.

데이터의 주소와 같은 것이죠.

절대 URL과 상대 URL

웹페이지에서 다른 웹페이지나 웹사이트로 이동하는 링크를 설정하거나 이미지 등을 추가하려면 링크할 데이터의 위치를 정확하게 기술해야만 합니다. 이때 위치를 기술하는 방법에는 **절대 URL**과 **상대 URL**이라는 2가지 방법이 있습니다.

≫ 절대 URL

파일의 위치를 가장 기준이 되는 위치부터 순서대로 따라가며 기술하는 방법으로, 'http://'나 'https://'로 시작합니다. 주로 다른 웹사이트에 있는 파일을 지정할 때 사용합니다.

```
http://www.cyber.co.kr/index.html
```

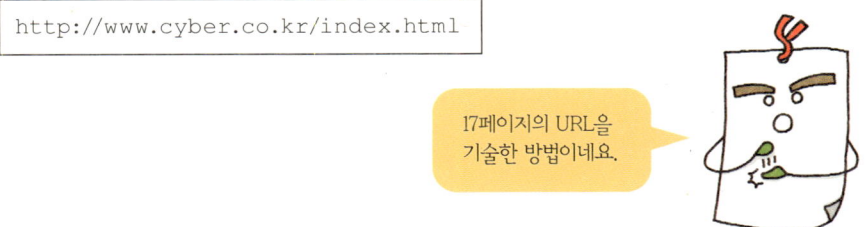

17페이지의 URL을 기술한 방법이네요.

≫ 상대 URL

　기준이 되는 파일에서 봤을 때 대상 파일이 어디에 있는지 상대적으로 기술하는 방법입니다. 상대 URL은 주로 자신의 웹사이트나 같은 도메인 내의 파일을 지정할 때 사용합니다.

같은 폴더 내에 있는 파일을 지정하는 경우

```
파일 이름
```

같은 폴더 안의 하위 폴더에 있는 파일을 지정하는 경우

```
하위 폴더 이름/파일 이름
```

> 한 단계 위로 올라갈 때는 '../'(피리어드 2개와 슬래시)로 나타냅니다.

다른 폴더에 있는 파일을 지정하는 경우

```
../../동위 폴더 이름/하위 폴더 이름/파일 이름
../동위 폴더 이름/파일 이름
../동위 파일 이름
```

　예를 들어 다음과 같이 파일이 배치돼 있을 때 main.html에서 본 상대 URL로 링크를 설정해 보겠습니다.

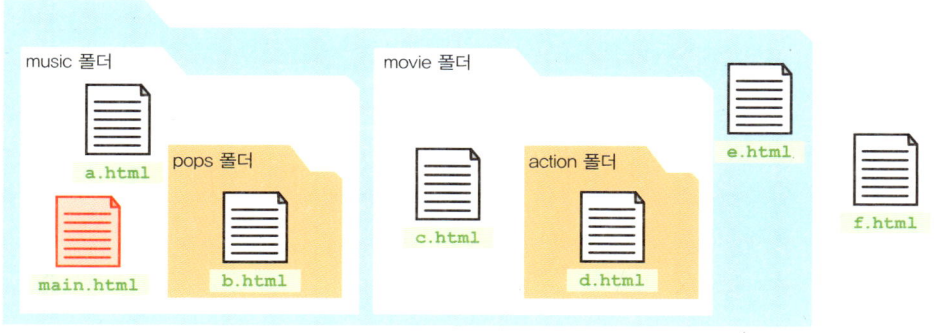

```
<a href="a.html">a.html</a>
<a href="pops/b.html">b.html</a>
<a href="../movie/c.html">c.html</a>
<a href="../movie/action/d.html">d.html</a>
<a href="../e.html">e.html</a>
<a href="../../f.html">f.html</a>
```

> 컴퓨터 내 파일의 위치를 나타내는 경로라는 의미로, 절대 경로, 상대 경로라고도 해요.

　또한 다음과 같이 기점이 되는 웹사이트 최상위 폴더를 /로 나타내고 여기서부터 위치를 기술하는 방법도 있습니다.

```
<a href="/subfolder/g.html">g.html</a>
```

칼럼

~ 콘텐츠 모델 ~

HTML4.01까지는 대부분의 요소를 '블록 레벨 요소'(문서의 단락에 해당)와 '인라인 요소'(문장 일부에 해당)로 분류했습니다. 하지만 HTML5/HTML Living Standard에서는 '카테고리'가 도입되면서 요소를 더욱 엄밀하게 분류합니다.

콘텐츠 모델은 이 '카테고리'를 바탕으로 정의됐으며 각 요소가 그 안에 넣을 수 있는 콘텐츠(문자, 음악, 동영상 등)를 상세히 분류한 것입니다. 예를 들어 제목을 나타내는 h1~h6 요소는 '제목 콘텐츠', 이미지를 나타내는 img 요소는 '임베디드 콘텐츠' 카테고리에 속합니다.

주요 카테고리와 이용 방법은 다음과 같습니다.

카테고리	이용 방법
메타데이터	문서에 관련된 정보 등을 정의할 때 사용한다(meta, title 등).
플로	일반적인 콘텐츠를 나타낼 때 사용한다(body, section 등).
섹셔닝	블로그나 기사 등을 정의할 때 사용한다(article, aside 등).
제목	제목, 소제목 등을 나타낼 때 사용한다(h1 ~ h6 등).
프레이징	단락 등에 포함되는 텍스트를 나타낼 때 사용한다(cite, mark 등).
임베디드	외부 리소스 등을 문장에 삽입할 때 사용한다(img, video 등).
인터랙티브	사용자가 조작할 수 있게 할 때 사용한다(button, menu 등).

여러 카테고리에 속하거나 어느 카테고리에도 속하지 않은 요소도 있어요.

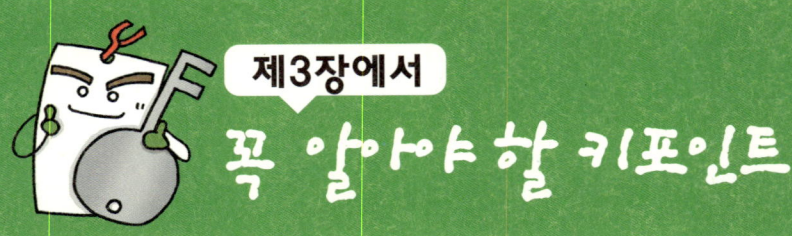

요소와 속성을 학습한다

2장에서 HTML 기본 문법을 살펴봤으므로 이번에는 개별 요소(태그)에 관해서 다뤄 보겠습니다.

실제 사양서에는 수많은 요소가 나열돼 있고 각 요소에 다양한 속성이 정의돼 있습니다. 이런 상세한 규칙을 일일이 학습하는 것은 매우 힘든 일입니다. 따라서 이 책에서는 기본적인 웹페이지를 만들 수 있게 되는 것을 목표로 중요한 HTML의 요소와 속성을 다루기로 합니다.

3가지 주요 요소부터 작성한다

우선, HTML 문서의 기본이 되는 **html**, **head**, **body** 요소부터 살펴보겠습니다. HTML 문서를 작성할 때는 이 3가지 요소를 반드시 기술해야 합니다. head 요소 안에는 검색 엔진이나 웹브라우저가 문서를 이해하는 데 도움이 되는 정보를 넣습니다.

head 요소를 작성하고 나면, 실제로 웹페이지에 표시될 내용을 body 요소 안에 기술해갑니다. 제목, 단락, 리스트, 텍스트 단위로 의미를 부여합니다. 만들고자 하는 페이지 내용에 따라 다양한 요소를 조합할 수 있습니다. 웹의 특징이라고도 할 수 있는 하이퍼링크를 설정하는 요소나 이미지를 삽입하는 요소도 배워 봅시다. 이미지를 적절히 사용하면 이해하기 쉽고 보기에도 즐거운 웹페이지를 만들 수 있습니다.

테이블과 폼의 개요

테이블이란, 표를 의미합니다. 테이블을 사용하면 다양한 데이터나 정보를 보기 좋게 정리해서 표현할 수 있습니다. 참고로 오래전 CSS가 많이 보급되지 않았던 시절의 웹페이지에서는 데이터를 정렬할 수 있는 테이블의 특성을 이용해 테이블 안에 콘텐츠를 배치하는 방식이 자주 사용됐습니다.

현재 HTML에서는 레이아웃을 위해 테이블을 사용하는 것을 허용하지 않습니다. 표는 어디까지나 표 형식의 데이터를 표현하는 데 사용하고 레이아웃은 CSS로 지정합시다.

폼은 웹페이지에서 회원 가입이나 문의, 설문조사 등을 통해 사용해 본 경험이 있을 것입니다. 폼을 실제로 사용할 수 있게 하려면 입력란이나 버튼과 같은 부품의 동작을 각각의 속성을 이용해 세밀하게 지정해야 하고 제출된 데이터를 처리하는 프로그램도 필요합니다. 어떤 폼이든 필요한 부품을 배치하는 것부터 시작됩니다. 폼에 관해 학습하고 나면 나중에 폼을 이용하게 될 때 어떤 부품이 어떤 요소로 만들어졌는지 알 수 있겠지요.

요소나 속성의 의미와 개수를 생각하면 조금 정신이 없겠지만, 3장을 마칠 때쯤에는 대략적이라도 HTML을 이해할 수 있을 것입니다.

문서의 기본 요소

HTML 문서를 만들 때 필요한 요소와 자주 사용되는 요소를 알아봅시다.

문서의 기본 구조를 나타내는 요소

HTML 문서는 문서 전체를 하나의 커다란 요소(**html 요소**)로 파악해 그 안에 헤더 부분(**head 요소**)과 본문 부분(**body 요소**)이 들어 있는 구조로 이뤄져 있습니다. HTML 문서를 만들기 위해서는 이 3가지 요소(태그)가 필요합니다.

요소	의미
html	HTML 문서의 처음과 마지막에 기술하며 문서의 시작점이 되는 요소입니다. 다른 요소는 모두 이 요소 안에 기술합니다. lang 속성으로 문서에 사용할 언어를 지정합니다.
head	HTML 문서 전체에 관한 기본적인 정보를 넣는 요소입니다.
body	HTML 문서의 내용을 나타냅니다. 실제로 웹브라우저에 표시되는 부분입니다.

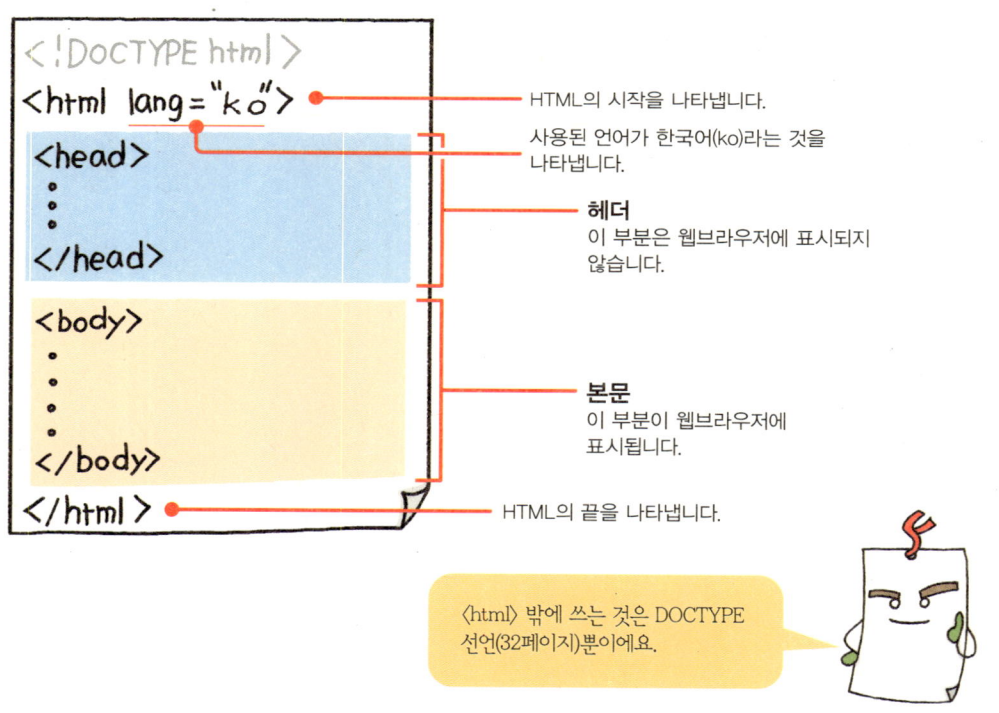

문서의 기본 정보를 나타낸다

head 요소 안에는 문서의 기본적인 정보를 나타내는 요소를 기술합니다. 다음과 같은 요소가 있습니다. 이곳에 들어가는 정보 중 title 요소 이외에는 웹브라우저에 표시되지 않습니다.

요소	의미
title	문서의 제목을 나타냅니다. 제목으로 지정한 텍스트는 웹브라우저의 탭, 북마크, 검색 엔진의 검색 결과 등에 사용됩니다.
meta	다른 요소로 나타낼 수 없는 다양한 메타데이터(문서에 관한 정보)를 나타냅니다. 문서 작성자나 문서에 관한 설명 등을 기술할 수 있고 문자 코드(33페이지)와 키워드(72페이지) 등을 지정할 수 있습니다. **종료 태그는 없습니다.**
link	문서를 다른 파일과 연결합니다. CSS 파일 등을 불러올 때 이용합니다.

head 요소 안에는 검색 엔진이나 웹브라우저 등 컴퓨터를 위한 정보를 넣습니다.

head 요소 안에는 script 요소(162페이지)를 넣을 수도 있어요.

예

```
<!DOCTYPE html>
<html lang="ko">
<head>
  <meta charset="UTF-8">
  <title>HTML 파일 만들기</title>
  <link rel="stylesheet" href="css1.css">
</head>
<body>
<p><span>HTML</span>로 기술된 파일입니다.</p>
</body>
</html>
```

`<title>HTML 파일 만들기</title>` → 웹브라우저의 탭에 표시됩니다.

`<link rel="stylesheet" href="css1.css">` → css1.css 파일을 읽어 들이도록 지정합니다.

css1.css
```
span {
  color: red;
}
```

실행 결과

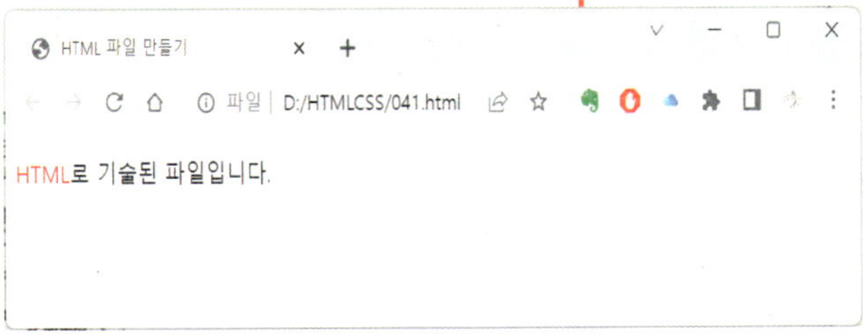

HTML 파일 만들기

HTML로 기술된 파일입니다.

문서의 기본 요소 41

문서의 구성에 관한 요소

지금부터 body 요소 안에 들어갈 요소를 살펴보겠습니다. 우선 문서의 구조를 더 명확하게 나타내기 위해 이용되는 요소를 소개합니다.

 ## 웹사이트의 구조

웹페이지의 정보는 메인 내용 외에 로고나 검색 폼이 배치된 **헤더**, **내비게이션**, 저작권 등을 적어 둔 **푸터**처럼 각각의 역할로 분류할 수 있습니다.

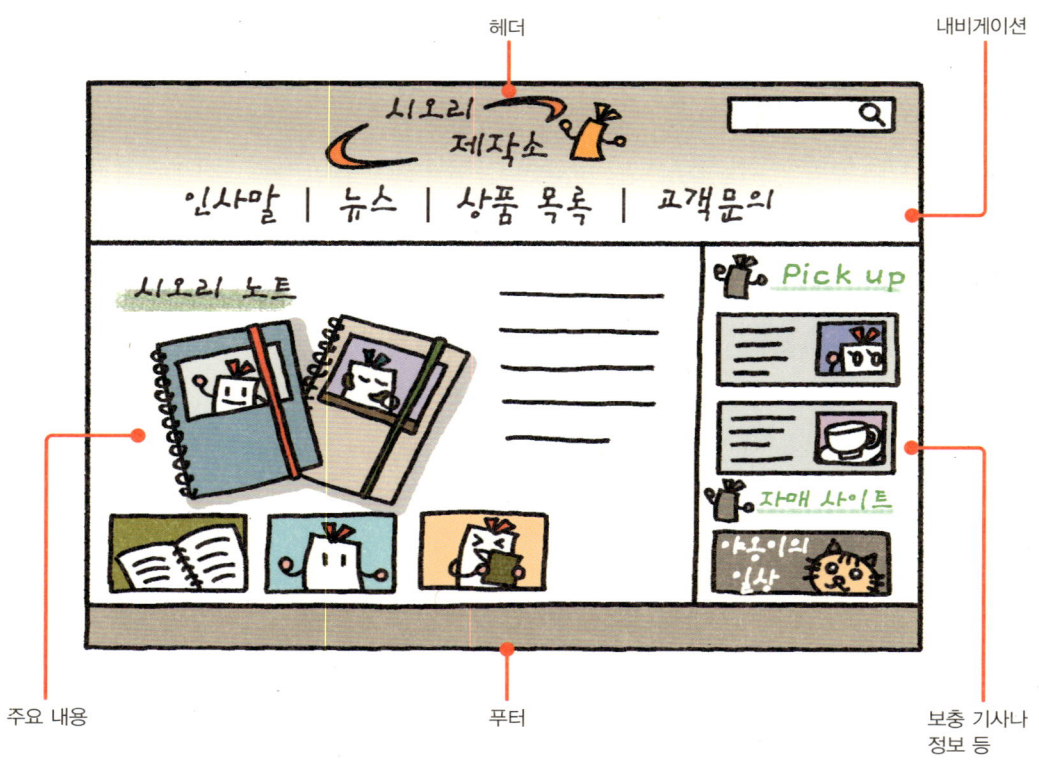

문서 구성에 관련된 요소

HTML5에서 각 요소는 문서에 사용되는 텍스트가 어떤 의미인지 나타냅니다. 이 요소들을 기술해도 웹페이지의 표시가 달라지지는 않지만, 텍스트를 의미상 구분하기 위해 이용합니다.

요소	의미	사용 예

section	일반적인 단락을 나타냅니다. 제목을 붙여도 좋을 것 같은 문장을 묶을 때 사용합니다.	`<section>`
		　`<h2> 오늘의 날씨 </h2>`
		　`<div> 맑음 </div>`
		`</section>`

article	독립적인 콘텐츠를 나타냅니다. 뉴스 기사나 게시판, 블로그 포스팅에 사용합니다.	`<article>`
		　`<header>`
		　　`<h1> 그림책 요약 </h1>`
		　`</header>`
		　`<div> 시오리는 책갈피를 모티브로 만든 캐릭터입니다.</div>`
		`</article>`

header	헤더가 될 콘텐츠를 나타냅니다. 섹션의 목차나 검색 폼 등에 사용합니다.	

footer	푸터가 될 콘텐츠를 나타냅니다. 저작권에 관한 정보나 관련 페이지 링크 등에 사용합니다.	`<footer>`
		　이 페이지의 무단 전재를 금합니다.
		`</footer>`

nav	웹페이지의 내비게이션이 될 콘텐츠를 나타냅니다. 페이지 목차나 항목 리스트 등에 사용합니다.	콘텐츠 목록
		`<nav>`
		　`<ul>`
		　　`<li>HTML이란</li>`
		　　`<li>CSS란</li>`
		　`</ul>`
		`</nav>`

aside	메인 콘텐츠와 관계가 약한 보조적인 콘텐츠에 사용합니다.	`<aside>`
		　시오리는 그림책마다 캐릭터가 다릅니다.
		`</aside>`

address	address 요소 안에서는 address 요소의 문서에 대한 연락처, 그 밖에는 문서 전체에 대한 연락처를 나타냅니다.	`<footer>`
		`<address>`
		의견은 info@abc.def.kr로 보내 주세요.
		`</address>`
		`</footer>`

예를 들어, 다음과 같은 태그를 붙이면 문서의 구조를 확실하게 할 수 있습니다(레이아웃은 CSS로 지정합니다).

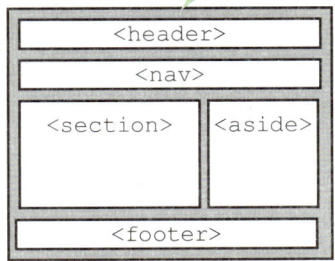

필수 요소는 아니므로 필요에 따라 이용합니다.

 1 웹사이트의 개요

 2 HTML의 기초

3 HTML의 요소

 4 CSS의 기초

 5 CSS의 속성 (1)

 6 CSS의 속성 (2)

 7 반응형 디자인

 8 자바스크립트

9 부록

그룹화와 단락의 요소 (1)

텍스트를 그룹화하는 요소를 소개합니다. 우선 제목이나 단락을 나타내는 요소부터 살펴봅시다.

 ## 제목 요소

글을 쓸 때 장, 절, 항으로 내용을 묶고 각 단락 앞에 내용을 요약한 제목을 붙이는 경우가 있습니다. HTML에서는 이런 제목(heading)을 **h1~h6 요소**로 나타냅니다.

요소	의미
h1~h6	문장에 제목을 붙입니다. 숫자는 제목의 단계를 나타내며 숫자가 클수록 제목의 단계가 내려갑니다.

```
<h1>JavaScript 그림책 </h1>
<h2>1 Hello World!</h2>
<h3>1-1 프로그램을 만든다.</h3>
```

실행 결과

> ## JavaScript 그림책
>
> 1 Hello World!
>
> 1-1 프로그램을 만든다.

일반적으로는 상위 단계 제목일수록 글씨가 크게 표시됩니다.

폰트 크기가 변하는 것은 제목의 단계를 알아보기 쉽게 하기 위한 웹브라우저의 기능입니다. 단순히 폰트 크기만 변경할 때는 CSS를 이용하세요.

단락이나 긴 인용 문구를 나타내는 요소

단락을 만들거나 길이가 긴 문장을 인용할 경우에는 다음과 같은 요소를 사용합니다.

요소	의미
p	단락을 나타냅니다. 적합한 요소가 없을 때 사용합니다.
blockquote	다른 정보원으로부터 비교적 긴 글을 인용하는 경우에 사용합니다. cite 속성으로 인용 출처를 URL로 명시할 수 있습니다.

예

```
<body>
<p>(주)ANK 에 의하면 카피페르나는 다음과 같은 제품입니다.</p>
<blockquote cite=" http://www.ank.co.jp/works/products/copypelna/Client/">
<p> 카피페르나는 보고서 및 논문과 같은 문서 파일을 인터넷상의 웹페이지 및 기타 문서 파일과 비교해 복사 및 붙여넣기를 검사하는 소프트웨어입니다.</p>
</blockquote>
</body>
```

cite 속성으로 인용 출처를 나타냅니다.

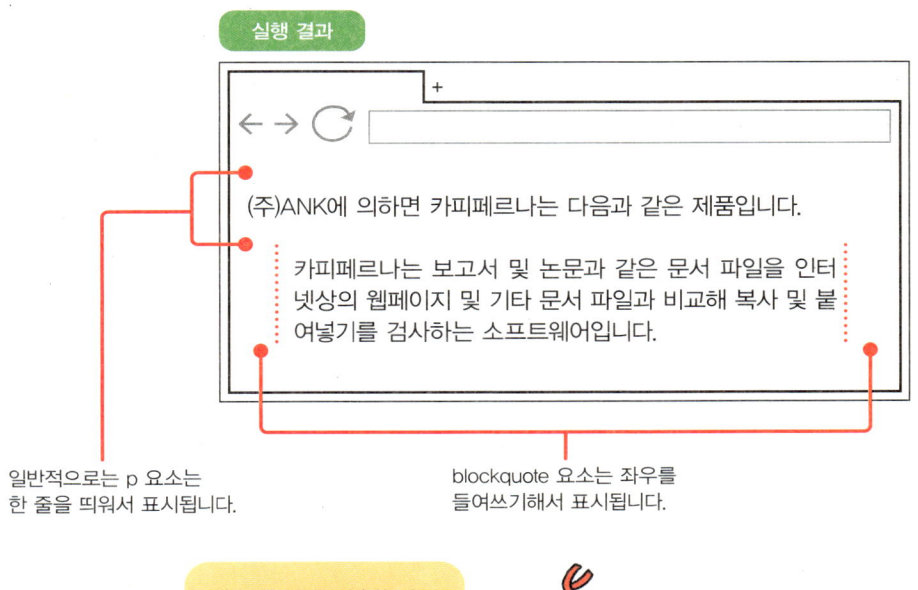

실행 결과

(주)ANK에 의하면 카피페르나는 다음과 같은 제품입니다.

카피페르나는 보고서 및 논문과 같은 문서 파일을 인터넷상의 웹페이지 및 기타 문서 파일과 비교해 복사 및 붙여넣기를 검사하는 소프트웨어입니다.

일반적으로는 p 요소는 한 줄을 띄워서 표시됩니다.

blockquote 요소는 좌우를 들여쓰기해서 표시됩니다.

짧은 텍스트를 인용할 때는 q 요소(52페이지)를 사용하지요.

그룹화와 단락의 요소 (1)　45

그룹화와 단락의 요소 (2)

앞의 내용에 이어 텍스트를 그룹화하는 요소를 소개합니다. 의미가 달라지는 부분을 표시하거나 리스트를 만드는 요소를 살펴봅시다.

 ## 주제를 구분하는 요소

hr 요소는 단락 단위로 의미가 변하는 것을 나타냅니다. 예를 들어, 내용이 다른 주제로 변할 때나 이야기의 장면이 바뀔 때 구분하는 용도로 이용합니다. 일반적으로 가로줄이 표시됩니다.

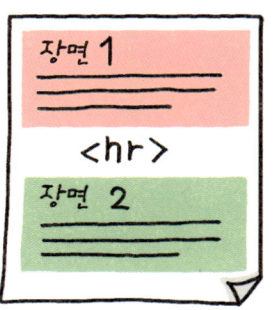

```
<p>이상은 HTML에 관한 설명이었습니다.</p>
<hr>
<p>다음은 CSS에 관해 설명하겠습니다.</p>
```

실행 결과

이상은 HTML에 관한 설명이었습니다.
―――――――――――――――――――――――
다음은 CSS에 관해 설명하겠습니다.

 ## 서식이 지정된 텍스트를 나타내는 요소

pre 요소를 지정하면 HTML 문서 내의 공백이나 줄 바꿈 등이 입력한 대로 웹브라우저에 반영됩니다. pre 요소는 해당 범위가 서식이 지정된 텍스트라는 것을 나타냅니다.

```
<pre><code>
#sample1 {
    border: 2px dotted #999999;
}
.sample2 {
    color: green;
    font-weight: bold;
}
</code></pre>
```

이 예에서는 CSS 코드라는 것을 나타내고자 code 요소(53페이지)도 추가했습니다.

```
#sample1 {
    border: 2px dotted #999999;
}
.sample2 {
    color: green;
    font-weight: bold;
}
```

프로그램 코드나 아스키 아트를 표시하고 싶을 때 이용할 수 있어요.

리스트를 만드는 요소

리스트는 항목 순서가 중요한지에 따라 사용하는 요소가 달라집니다.

항목 순서가 중요하지 않은 경우   항목 순서가 중요한 경우

요소	의미
ul	번호가 없는 리스트 범위를 나타냅니다.
ol	번호가 있는 리스트 범위를 나타냅니다.
li	리스트에 표시되는 각 항목을 나타냅니다.

예

```
<body>
<p> 드레싱 재료 </p>
<ul>
   <li> 올리브 오일 </li>
   <li> 레몬즙 </li>
   <li> 소금후추 </li>
</ul>

<p> 만드는 방법 </p>
<ol>
   <li> 레몬즙과 소금후추를 섞는다 </li>
   <li> 올리브오일을 첨가하면서 휘저어 준다 </li>
   <li> 걸쭉해지면 완성 </li>
</ol>
</body>
```

리스트를 기술합니다.

실행 결과

드레싱 재료
- 올리브 오일
- 레몬즙
- 소금후추

만드는 방법
1. 레몬즙과 소금후추를 섞는다
2. 올리브오일을 첨가하면서 휘저어 준다
3. 걸쭉해지면 완성

그룹화와 단락의 요소 (2)   **47**

범위를 설정하는 요소

특정한 의미가 없는 범용적인 범위를 지정할 수 있는 요소가 있습니다.

범용적인 요소

문서 내용에 따라서는 특정 부분에 스타일을 설정하고 싶어도 적합한 태그가 없거나 어떤 범위로 묶어서 스타일을 설정하고 싶을 때가 있습니다. 이런 경우에 사용되는 것이 **div 요소**와 **span 요소**입니다.

이 범위의 레이아웃을 변경하고 싶다.

이 부분의 글자색을 변경하고 싶다.

div 요소와 span 요소

두 요소 모두 특정한 의미를 갖지 않고 범용적인 범위를 설정하는 요소입니다. **class 속성**과 **id 속성**을 사용해 css를 설정하거나 lang 속성을 지정해 그 부분이 외국어라는 것을 나타내기도 합니다.

≫ div 요소

특정한 의미를 갖지 않고 한 묶음의 콘텐츠를 나타냅니다. 요소 앞뒤에서 줄이 바뀝니다 (이러한 요소를 **블록 레벨 요소**라고 합니다).

미국 `<div>` 프랑스 `</div>` 중국

실행 결과

미국
프랑스
중국

`<div>`~`</div>`의 앞뒤에서 줄바꿈합니다.

48 3장 / HTML의 요소

» span 요소

특정한 의미를 갖지 않고 텍스트 등 콘텐츠 일부를 나타냅니다. 요소 앞뒤에서 줄이 바뀌지 않습니다(이런 요소를 **인라인 요소**라고 합니다).

```
미국<span>프랑스</span>중국
```

실행 결과

미국프랑스중국 ← `<span>~</span>`의 앞뒤에서 줄바꿈하지 않습니다.

> 블록 레벨 요소, 인라인 요소라는 개념은 HTML에서는 없어졌지만, CSS에서는 이용되는 용어이므로 기억해 두는 게 좋겠지요.

예

foods.css
```
#sample1 {
        border: 2px dotted #999999;
}
.sample2 {
        color: green;
        font-weight: bold;
}
```

```
<head>
  <meta charset="UTF-8">
  <title>스페인 요리</title>
  <link rel="stylesheet" href="foods.css">
</head>
<body>
<div id="sample1">
<p><span lang="es" class="sample2">Gazpacho</span>… 가스파쵸. 토마토를 비롯한 채소가 듬뿍 들어간 차가운 수프입니다.</p>
<p><span lang="es" class="sample2">Tortilla de Patatas</span>… 토르티야. 스페인식 오믈렛. 감자가 들어간 것이 기본입니다.</p>
</div>
</body>
```

> 'es'는 스페인어의 언어 코드입니다.

실행 결과

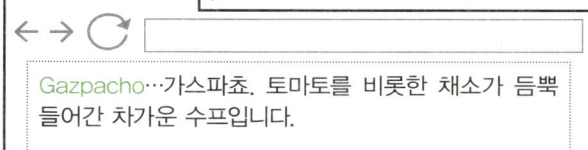

범위를 설정하는 요소

텍스트에 관한 요소 (1)

텍스트 범위에 의미를 부여하는 요소는 다양합니다. 주요 요소를 세 번에 나눠 소개하겠습니다.

텍스트에 의미 부여하기

텍스트의 임의의 범위에 대해서 의미를 부여하는 요소입니다.

≫ 강한 의미를 부여하는 요소

텍스트를 강조하거나 중요성을 나타내기 위해서는 다음과 같은 요소를 사용합니다. 2가지 태그를 겹쳐서 사용하면 의미를 더욱 강조할 수 있습니다.

요소	의미
em	강조를 나타냅니다. strong 요소처럼 '중요하다'라는 의미는 없습니다. 일반적으로 이탤릭체로 표시됩니다.
strong	강한 중요성이나 긴급성을 나타냅니다. em 요소처럼 '강조한다'라는 의미는 없습니다. 일반적으로 볼드체로 표시됩니다.

em 요소에서는 어느 부분을 강조하는지에 따라 문장의 의미가 달라집니다. 따라서 특정 부분을 강조해 문장의 의미나 의도를 정확하게 전달하고 싶을 때 사용합니다.

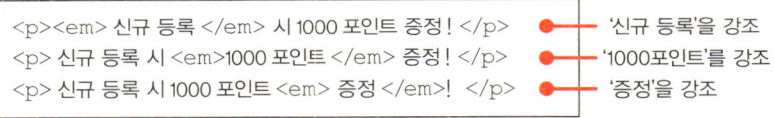

```
<p><em> 신규 등록 </em> 시 1000 포인트 증정! </p>    ● '신규 등록'을 강조
<p> 신규 등록 시 <em>1000 포인트 </em> 증정! </p>    ● '1000포인트'를 강조
<p> 신규 등록 시 1000 포인트 <em> 증정 </em>! </p>    ● '증정'을 강조
```

예

```
<body>
<p><strong> 긴급 개최 </strong></p>
<p><em> 신규 등록 시 1000 포인트를 증정합니다.</em></p>
</body>
```

실행 결과

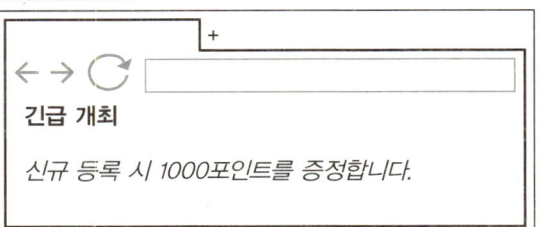

※ 글꼴 설정에 따라서는 이탤릭체로 되지 않는 경우도 있어요.

≫ 작게 표기되는 부분을 나타내는 요소

주석이나 세부 항목 등 일반적으로 작은 글자로 표기되는 부분에 사용하는 요소입니다.

요소	의미
small	저작권, 라이선스 요건, 면책, 법적 규제 등 일반적으로 작은 글자로 표기되는 부분을 나타냅니다.

```
<p><small>&copy; 2023 ABCD Co.Ltd.</small></p>
```

저작권 표시를 나타내는 ⓒ 마크를 웹페이지상에 표시하기 위한 문자 코드입니다(92페이지).

실행 결과

ⓒ 2023 ABCD Co.Ltd.

≫ 정확하지 않은 텍스트를 나타내는 요소

정확하지 않게 된 내용을 나타내려면 다음과 같은 요소를 사용합니다.

요소	의미
s	정확하지 않아졌거나 관련이 없어졌다는 것을 나타냅니다. 일반적으로는 취소선을 그은 문자열로 표시됩니다.

```
<p><s>정가</s></p>
<p>특가</p>
```

실행 결과

정가
특가

≫ 내용의 추가나 삭제를 나타내는 요소

HTML 문서의 변경을 나타내려면 다음과 같은 요소를 사용합니다.

요소	의미
ins	문서에 추가된 범위를 나타냅니다. 일반적으로는 밑줄을 그은 문자열로 나타냅니다.
del	문서에서 삭제된 범위를 나타냅니다. 일반적으로는 취소선을 그은 문자열로 표시됩니다.

```
<p>그 사실이 명확해
<del>됐다</del><ins>졌다</ins>는 것은…</p>
```

실행 결과

그 사실이 명확해됐다졌다는 것은…

텍스트에 관한 요소 (2)

계속해서 텍스트 범위에 의미를 부여하는 요소를 소개합니다. 인용이나 용어 정의, 컴퓨터와 관련된 텍스트를 나타내는 요소에 관해 알아봅시다.

 텍스트에 의미 부여하기

텍스트의 임의의 범위에 의미를 부여하는 요소입니다.

▶ 참조하는 작품이나 짧은 인용을 나타내는 요소

참조나 인용하는 출처를 나타내거나 짧은 인용을 나타내려면 다음과 같은 요소를 사용합니다.

요소	의미
cite	참조나 인용한 작품의 제목을 나타냅니다. 일반적으로 이탤릭체로 표시됩니다.
q	다른 정보 소스에서 비교적 짧은 문장을 인용하는 경우에 사용합니다. cite 속성으로 출처를 URL로 나타낼 수 있습니다. 일반적으로는 인용문 전후에 따옴표가 삽입됩니다.

```
<p><cite> 논어 </cite> 에서 <cite> 지지위지지
부지위부지 시지야, </cite> 즉 <q> 아는 것을
안다고 하고 모르는 것을 모른다고 하는 것이
진정으로 아는 것이다 </q> 라는 말을 가장
좋아합니다. </p>
```

실행 결과

논어에서 *지지위지지 부지위부지 시지야*, 즉 "아는 것을 안다고 하고 모르는 것을 모른다고 하는 것이 진정으로 아는 것이다"라는 말을 가장 좋아합니다.

▶ 용어 정의나 줄임말을 나타내는 요소

용어를 정의하거나 줄임말, 머리글자를 나타내려면 다음과 같은 요소를 사용합니다.

요소	의미
dfn	용어를 정의하거나 설명할 경우, 정의되는 용어를 나타냅니다. 일반적으로 이탤릭체로 표시됩니다.
abbr	줄임말, 머리글자를 나타냅니다. title 속성을 사용해 정식 명칭을 지정할 수도 있습니다.

```
<p><dfn>Cascading Style Sheets</dfn> 란…</p>
<p> 우선은 <abbr title="HyperText Markup Language">HTML</abbr> 을 학습…</p>
```

실행 결과

*Cascading Style Sheets*란…

우선은 HTML을 학습…
　　　　　　　HyperText Markup Language

cite 요소나 dfn 요소는 폰트 설정에 따라 이탤릭체가 아닌 경우도 있어요.

일반적인 웹브라우저에서는 밑줄이 그어지고 커서를 올려놓으면 title 속성의 값이 툴 팁으로 표시됩니다.

≫ 컴퓨터 관련 텍스트를 나타내는 요소

컴퓨터의 소스 코드나 출력 결과 등은 다음과 같은 요소로 나타냅니다.

요소	의미
`code`	프로그램 코드나 파일 이름 등 컴퓨터가 식별할 수 있는 문자열을 나타냅니다.
`var`	변수를 나타냅니다.
`samp`	프로그램이나 컴퓨터의 출력 내용을 나타냅니다.
`kbd`	사용자가 컴퓨터에 입력하는 내용을 나타냅니다.

예

```html
<body>
<p><code>color</code> 속성으로 문자색을 지정합니다.</p>
<pre><code>
.sample{
        color: #008b8b;
 }
</code></pre>
<p> 값을 변수 <code>i</code> 에 대입합니다 </p>
<p><samp> 변경 내용을 저장할까요?</samp> 라는 확인 메시지가 표시됩니다.</p>
<p><kbd>cmd</kbd> 라고 입력합니다.</p>
</body>
```

코드를 그대로 표시하고자 pre 요소(46페이지)를 지정했습니다.

실행 결과

```
color속성으로 문자색을 지정합니다.
        .sample{
                color: #008b8b;
        }

값을 변수 i에 대입합니다.

변경 내용을 저장할까요?라는 확인 메시지가 표시됩니다.

cmd라고 입력합니다.
```

웹사이트의 개요

HTML의 기초

HTML의 요소

CSS의 기초

CSS의 속성 (1)

CSS의 속성 (2)

반응형 디자인

자바스크립트

부록

텍스트에 관한 요소 (3)

계속해서 텍스트 범위에 의미를 부여하는 요소를 소개합니다. 루비 주석이나 위첨자, 아래첨자 등도 표현할 수 있습니다.

 ## 텍스트에 의미 부여하기

텍스트의 임의의 범위에 의미를 부여하는 요소입니다.

▶ 루비 주석

다음과 같은 요소를 사용해 텍스트 위에 첨자로 주석을 달 수 있습니다.

요소	의미
ruby	루비 주석을 달 텍스트를 지정합니다. 루비 자체는 rt 요소로 지정합니다.
rt	루비를 지정합니다.
rp	루비 주석을 표시할 수 없는 환경을 위해 추가로 표시할 문자열을 지정합니다.

```
<ruby>
  대한민국<rp>(</rp><rt>Republic of Korea</rt><rp>)</rp></ruby>
```

실행 결과

Republic of Korea
대한민국

루비 주석을 표시할 수 있는 경우, rp 요소로 지정된 문자열은 무시됩니다.

▶ 위첨자와 아래첨자

수식이나 화학 기호 등에서 사용되는 위첨자와 아래첨자를 표현합니다.

요소	의미
sup	위첨자를 지정합니다.
sub	아래첨자를 지정합니다.

```
<p>(a+b)(a−b)=a<sup>2</sup>+b<sup>2</sup></p>
<p>물은 H<sub>2</sub>O</p>
```

실행 결과

$(a+b)(a-b)=a^2+b^2$
물은 H_2O

≫ 줄을 바꾸는 요소

줄을 바꿀 위치나 줄을 바꿀 수 있는 위치를 지정하려면 다음과 같은 요소를 사용합니다.

요소	의미
br	줄바꿈을 나타냅니다. **종료 태그는 없습니다.**
wbr	읽기 편하게 줄을 바꿀 수 있는 위치를 지정합니다. **종료 태그는 없습니다.**

```
<p>세계에서 가장 긴 마을 이름 <br>
Llanfair<wbr>pwllgwyngyll<wbr>gogerychwyrndrobwll<wbr>llantysiliogogogoch<br>
읽는 방법:<br>
흘란바이르 푸흘귄기흘 고게러훠른드로부흘 흘란더실리오고고고흐 </p>
```

실행 결과

```
세계에서 가장 긴 마을 이름
Llanfairpwllgwyngyllgogerychwyrndrobwll
llantysiliogogogoch
읽는 방법 :
흘란바이르 푸흘귄기흘 고게러훠른드로부흘 흘란더실리오고고고흐
```

> wbr 요소는 영어처럼 줄바꿈 위치에 따라서 알아보기 어려운 경우에 사용합니다.

≫ 기타 텍스트에 관련된 요소

요소	의미
i	혼잣말이나 외국어 등 본문과 다른 부분을 나타냅니다.
b	키워드나 제품 등 다른 것과 구별하고 싶은 곳을 나타냅니다.
u	고유 명사나 철자법 실수 등 문장 속 다른 부분과 명확하게 구별하기 어려운 부분을 나타냅니다. 보통은 밑줄이 그어진 문자열로 표시됩니다.

```
<p>시오리는<i>힘내자</i>라고 다짐했다.</p>
<p>그림책 시리즈의 최신작은 <b>HTML/CSS가 보이는 그림책</b>입니다.</p>
<p><u>Exprorer</u>가 아니라 Explorer입니다.</p>
```

실행 결과

```
시오리는 힘내자 라고 다짐했다.

그림책 시리즈의 최신작은 HTML/CSS가 보이는 그림책입니다.

Exprorer가 아니라 Explorer입니다.
```

링크와 이미지에 관한 요소

웹의 특징인 하이퍼링크의 설정 방법과 HTML 문서와 별도로 준비한 이미지 파일을 연결하는 방법을 배워 봅시다.

🔓 링크를 추가하는 요소

a 요소에 **href 속성**을 지정하면, 링크(하이퍼링크)를 설정할 수 있습니다. 다른 웹페이지나 파일, 같은 페이지나 다른 페이지 내의 특정 위치로 이동할 수 있습니다.

```
<a href=" https://www.w3.org/">World Wide Web Consortium</a>
<a href="../books/ehon.html">그림책 페이지</a>
```

현재 파일과의 위치 관계를 고려해 절대 URL이나 상대 URL을 지정합니다.

▶ 페이지 내 특정 위치로 이동하는 링크

페이지 내 특정 위치로 이동하고 싶을 때는 우선 이동할 곳의 요소에 **id 속성**으로 이름을 붙입니다. 같은 페이지 내에서 이동하는 경우에는 href 속성에 '**#(해시)**'와 id 값을 지정하고 다른 페이지로 이동하는 경우에는 이동할 URL 뒤에 '#(해시)'와 id를 지정합니다.

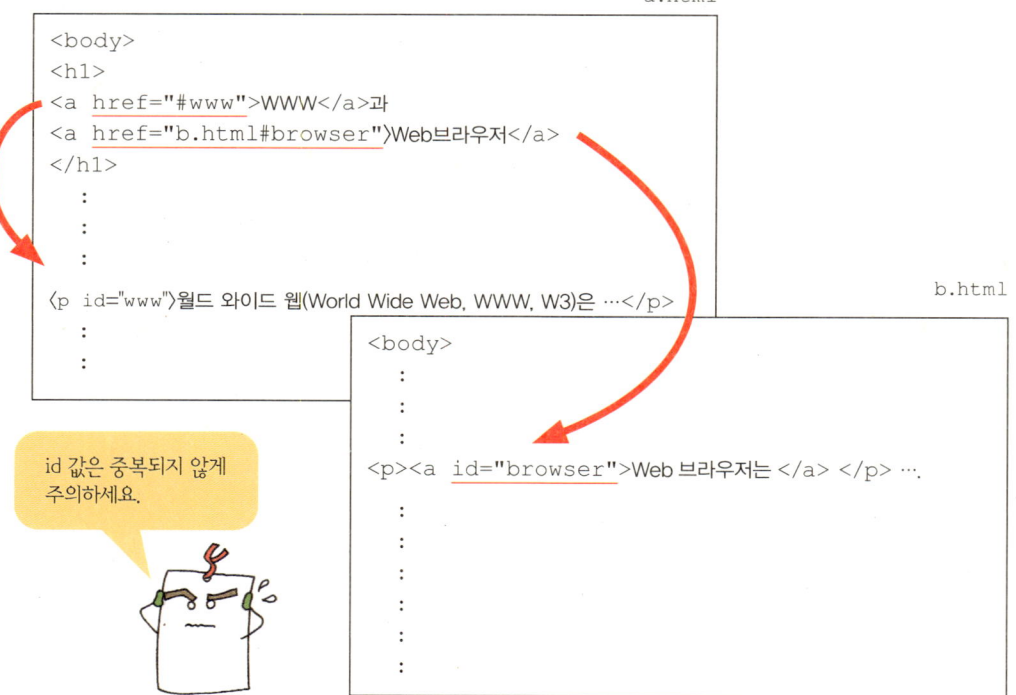

id 값은 중복되지 않게 주의하세요.

 ## 이미지를 표시하는 요소

웹페이지에 이미지를 표시하려면 **img 요소**를 사용합니다. **src 속성**으로 표시할 이미지 파일을 지정합니다. 또한 이미지를 표시할 수 없을 때 대신 표시할 문자열(**대체 텍스트**)을 **alt 속성**으로 지정해 둡니다.

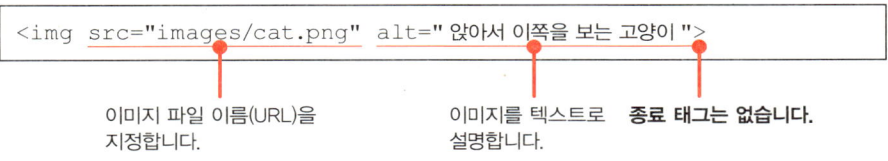

```
<img src="images/cat.png" alt=" 앉아서 이쪽을 보는 고양이 ">
```

이미지 파일 이름(URL)을 지정합니다.
이미지를 텍스트로 설명합니다.
종료 태그는 없습니다.

cat.png

웹페이지에서 이용되는 주요 이미지 형식으로는 PNG, JPEG, GIF, SVG 등이 있습니다.

alt 속성에는 이미지를 대체해도 페이지의 의미가 통하는 텍스트를 기술하세요.

링크와 이미지에 관한 요소

테이블

표(테이블)를 만드는 방법을 학습합니다. 표를 이용하면, 데이터를 정리해서 나타낼 수 있습니다.

표를 나타내는 요소

기본적인 표는 **table 요소**, **tr 요소**, **td 요소**로 만듭니다. 행과 열에 제목을 붙이거나 캡션을 붙일 수도 있습니다.

테이블

> 테이블의 한 칸을 셀이라고 해요.

요소	의미
table	표를 작성합니다. 표를 구성하는 요소의 처음과 마지막에 배치합니다.
tr	행을 나타냅니다. 가로로 한 줄의 데이터 처음과 마지막에 배치합니다.
td	표에 포함되는 각각의 셀을 나타냅니다.
th	행과 열의 제목 셀(헤더 셀)을 나타냅니다. 일반적으로 볼드체로 가운데 정렬돼 표시됩니다.
caption	표의 제목(캡션)을 나타냅니다.

≫ 표의 테두리와 셀 크기 지정

위에 소개한 요소로 작성한 표에는 테두리 선이 표시되지 않습니다. 테두리 선을 표시하거나 테두리 선의 두께나 색을 지정하고 싶을 때는 CSS를 이용합니다. 표나 셀의 크기도 CSS로 변경할 수 있습니다.

테이블의 모양을 조정하는 CSS의 예

```
table, td, th {          ← table, td, th 요소에 적용
    border-width: 1px;   ← 테두리 선의 두께는 1픽셀
    border-style: solid; ← 테두리 선은 실선
    border-color: gray;  ← 테두리 선의 색은 회색
    border-collapse: collapse; ← 서로 이웃한 테두리 선은 겹친다.※
}
td, th {
    width: 80px;         ← 셀의 너비는 80픽셀
}
```

※ border-collapse 속성으로 이웃한 셀의 테두리 선을 겹쳐서 표시(collapse)할 것인지, 띄워서 표시(separate)할 것인지를 지정합니다(119페이지).

≫ 셀의 결합

td 요소나 th 요소에 다음 속성을 지정하면 그 셀에서 지정된 수만큼 가로 방향이나 세로 방향으로 셀을 결합해 하나의 셀로 표시할 수 있게 됩니다.

rowspan 속성
셀을 세로로 결합합니다.
결합할 셀의 수를 지정합니다.

colspan 속성
셀을 가로로 결합합니다.
결합할 셀의 수를 지정합니다.

예

```
<table>
   <caption> 동물 </caption>        ← 타이틀을 지정합니다.
   <tr
     <th> 이름 </th><th> 영어 이름 </th><th> 종류 </th>   ← 제목 행을 지정합니다.
   </tr>
                                      ← 셀을 세로로 2개 결합합니다.
   <tr>
     <td> 호랑이 </td><td>Tiger</td><td rowspan="2"> 고양잇과 </td>
   </tr>
   <tr>                               항목 행을
     <td> 사자 </td><td>Lion</td>  ← 결합한 만큼    지정합니다.
                                      셀을 줄입니다.
   </tr>
   <tr>
     <td> 늑대 </td><td>Wolf</td><td> 개과 </td>
   </tr>
</table>
```

실행 결과

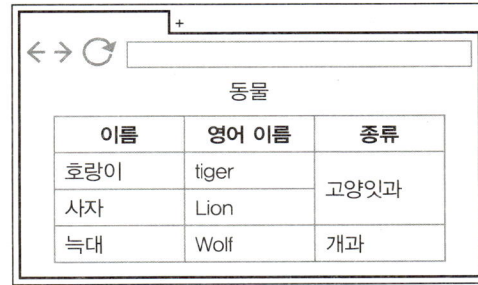

※ 58페이지의 CSS를 적용하고 있습니다.

폼 만들기

폼을 사용하면, 입력한 내용을 웹서버로 전송할 수 있습니다.

폼이란?

폼은 데이터를 선택하거나 입력하기 위한 부품입니다. 폼을 사용해 웹페이지에 입력 공간을 만들어 봅시다.

전송된 데이터는 CGI 등으로 처리됩니다.

CGI(Common Gateway Interface): 웹 브라우저의 요청을 받아 웹서버에서 프로그램을 실행하는 기술

폼의 서식

폼의 내용(부품)은 **form 요소** 안에 기술합니다. **action 속성**으로 전송할 곳의 URL을 지정하고 **method 속성**으로 전송 방식(**GET** 또는 **POST**)을 지정합니다.

action 속성으로 입력된 데이터를 처리할 CGI 등의 프로그램 주소를 지정합니다.

method 속성으로 다음 중 하나의 전송 방식을 지정합니다.

```
<form action="/cgi-bin/sample.cgi" method="POST">
<p> 이름을 입력하세요 </p>
<p><input type="text" name="username"></p>
<p><input type="submit"></p>
</form>
```

GET
전송된 데이터는 URL의 파라미터로서 주소창에 표시됩니다.

POST
전송된 데이터는 URL에 표시되지 않습니다. 긴 데이터를 보내는 데 적합합니다.

form 요소에는 이 밖에도 다양한 속성이 있지만, 여기서는 중요한 것만 소개했어요.

간단한 폼 처리의 예

입력한 내용을 표시하는 간단한 폼을 만들어 봅시다.

예

```
<body>
<form action="/cgi-bin/sample.cgi" method="POST">
  <p>이름을 입력하세요.</p>
  <p><input type="text" name="username"></p>
  <p><input type="submit"></p>
</form>
</body>
```

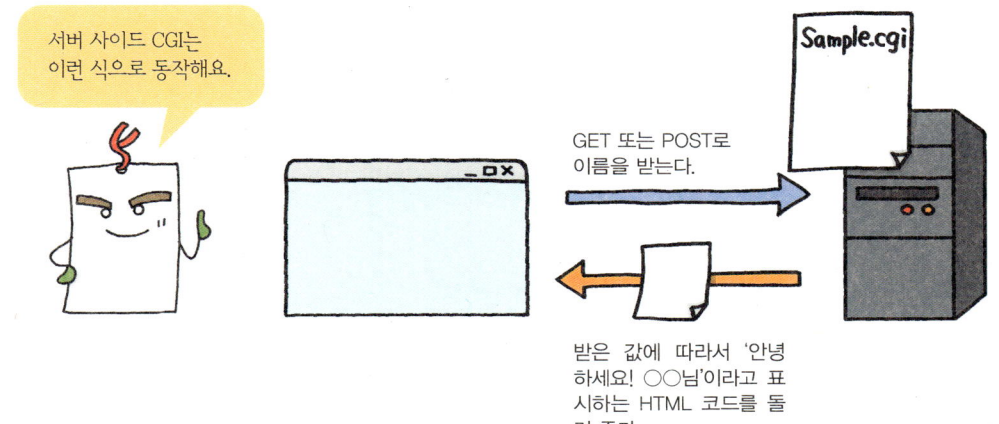

서버 사이드 CGI는 이런 식으로 동작해요.

GET 또는 POST로 이름을 받는다.

받은 값에 따라서 '안녕하세요! ○○님'이라고 표시하는 HTML 코드를 돌려 준다.

실행 결과

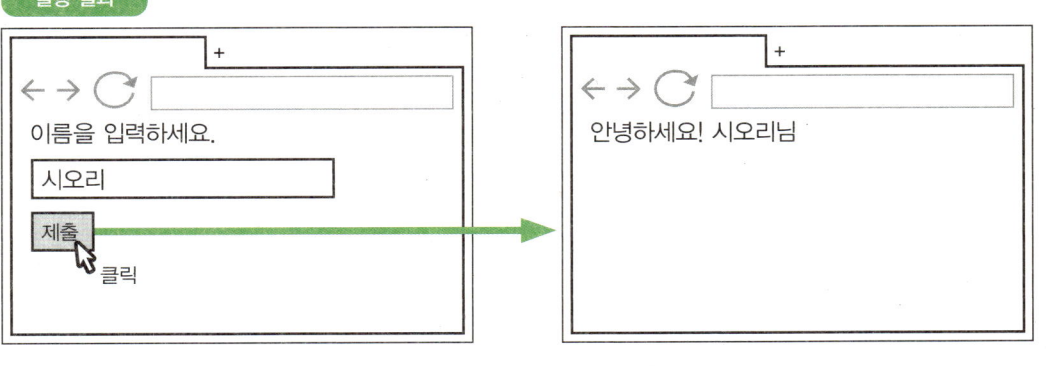

폼 만들기　61

폼의 요소 (1)

폼의 부품을 만드는 방법을 소개합니다. 요소나 속성에 따라서 다양한 입력 방법을 제공합니다.

 폼에 사용되는 부품

폼에는 다양한 부품이 준비돼 있고 그중에서 필요한 부품을 조합해 하나의 폼을 완성합니다.

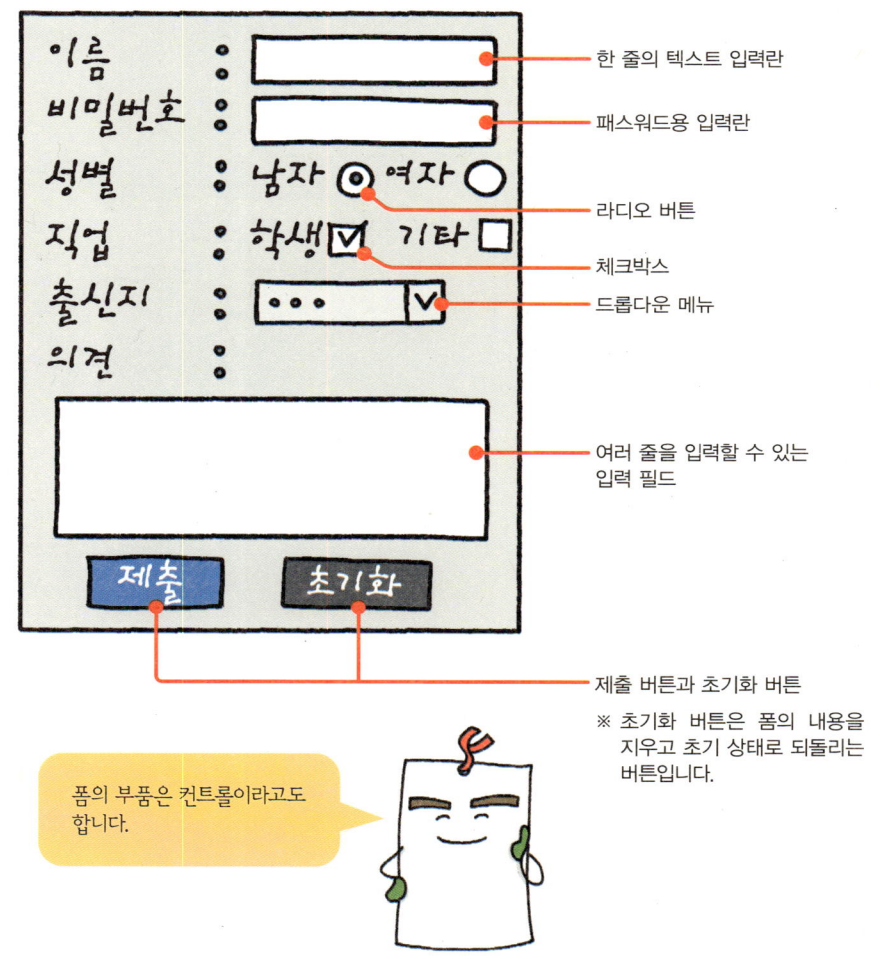

- 한 줄의 텍스트 입력란
- 패스워드용 입력란
- 라디오 버튼
- 체크박스
- 드롭다운 메뉴
- 여러 줄을 입력할 수 있는 입력 필드
- 제출 버튼과 초기화 버튼

※ 초기화 버튼은 폼의 내용을 지우고 초기 상태로 되돌리는 버튼입니다.

폼의 부품은 컨트롤이라고도 합니다.

input 요소

input 요소는 **type 속성**에 지정한 값에 따라 다양한 형태의 부품으로 변하는 요소입니다(64페이지). 다양한 속성을 지정해서 용도에 맞는 동작을 시킬 수 있습니다. input 요소에는 종료 태그가 없습니다.

만들고 싶은 부품을 나타내는 값을 지정합니다.

서버에 보내지는 부품의 이름을 지정합니다.

```
<input type="text" name="username">
<input type="checkbox" checked>
```

미리 선택돼 있도록 지정합니다.

실행 결과

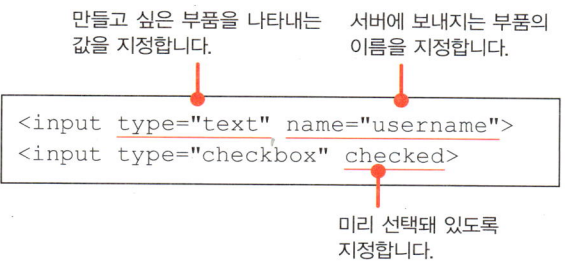

폼의 부품에는 다양한 속성이 있지만, 이 책에서는 중요한 것만 간추려서 소개합니다.

폼의 요소 (2)

input 요소는 type 속성에 지정하는 값에 따라 다양한 부품으로 변신합니다. 어떤 값이 있는지 알아봅시다.

type 속성에 지정할 수 있는 값

type 속성에 지정할 수 있는 값과 그 역할을 소개합니다.

값	역할	표시 예
submit	제출 버튼	제출 버튼 / 초기화 버튼
reset	초기화 버튼	[제출] [초기화]
button	일반 버튼 버튼에 표시되는 문자는 value 속성으로 지정합니다.	[다음>]
image	이미지 버튼 src 속성으로 이미지 파일 이름을 지정합니다.	✉ 제출
hidden	표시하지 않고 숨겨서 전송하는 텍스트	—
text	한 줄의 텍스트 입력(기본)	
search	검색용	
tel	전화번호 입력	
url	URL 입력	
email	이메일 주소 입력	
password	비밀번호 입력	
number	수치 입력	
range	지정 범위의 수치 입력 min 속성으로 최솟값, max 속성으로 최댓값을 지정합니다(생략 시는 0~100).	
checkbox	체크박스 name 속성에 같은 값을 지정한 것이 같은 그룹의 선택지가 됩니다. checked 속성을 지정하면 미리 선택됩니다.	선호하는 디자인은? ☑ A안 ☑ B안 ☐ C안 ※ 같은 그룹에서 여러 개를 선택할 수 있습니다.
radio	라디오 버튼 name 속성에 같은 값을 지정한 것이 같은 그룹의 선택지가 됩니다. checked 속성을 지정하면 미리 선택됩니다.	선호하는 디자인은? ⦿ A안 ○ B안 ○ C안 ※ 같은 그룹에서 하나만 선택할 수 있습니다.
file	파일 업로드	[파일 선택] 선택된 파일 없음

값	역할	표시 예
color	색상 입력	
datetime-local	현지 시간 입력	
month	연월 입력	
week	주 입력	
date	날짜 입력	
time	시간 입력	

웹사이트의 개요

HTML의 기초

HTML의 요소

CSS의 기초

CSS의 속성 (1)

CSS의 속성 (2)

반응형 디자인

자바스크립트

부록

폼의 요소 (2)   65

폼의 요소 (3)

계속해서 폼의 부품을 소개합니다. 입력 필드나 선택 메뉴는 실제로 사용해 본 적이 있을 것입니다.

 button 요소

button 요소를 사용해 폼에 버튼을 추가할 수 있습니다. 역할은 type 속성으로 지정한 값에 따라 달라집니다.

```
<p>
<button type="submit">보내기</button>
<button type="reset">초기화</button>
<button type="button">버튼</button>
</p>
<p>
<button type=button
  onclick="alert('주의 표시')">클릭</button>
</p>
```

type="submit" → 보내기 버튼
type="reset" → 초기화 버튼
type="button" → 일반 버튼

[클릭] 버튼을 누르면 경고창이 표시되도록 자바스크립트를 지정했습니다.

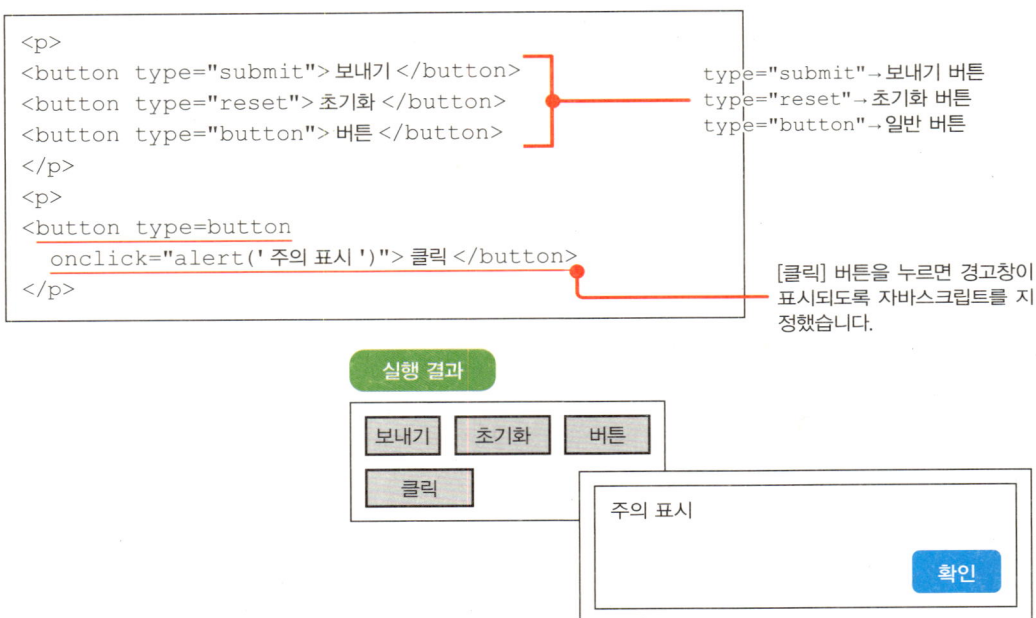

 textarea 요소

textarea 요소로 여러 줄의 텍스트를 입력하는 필드를 추가합니다.

```
<p><textarea cols="30" rows="5">
자유롭게 입력하세요.
</textarea></p>
```

cols 속성으로 한 줄당 글자 수,
rows 속성으로 줄 수를 설정합니다.

textarea 요소 안에 텍스트를 입력해 두면 입력 필드 내에 그 텍스트를 미리 표시할 수 있습니다.

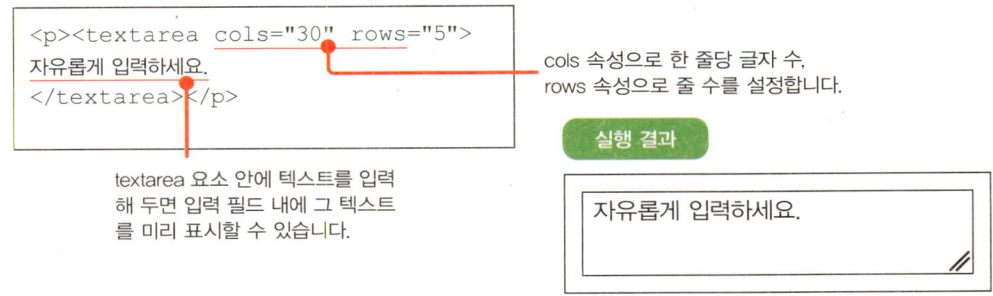

66 3장 / HTML의 요소

select 요소

Select 요소를 사용해 복수의 선택 항목에서 선택하는 메뉴를 만들 수 있습니다. **option** 요소를 중첩해 선택 항목을 지정합니다. 기본은 드롭다운 형식의 메뉴가 됩니다.

≫ 리스트 박스로 만들 경우

select 요소에 **size 속성**을 지정하면 드롭다운 형식이 아니라 리스트 박스 형식으로 표시됩니다.

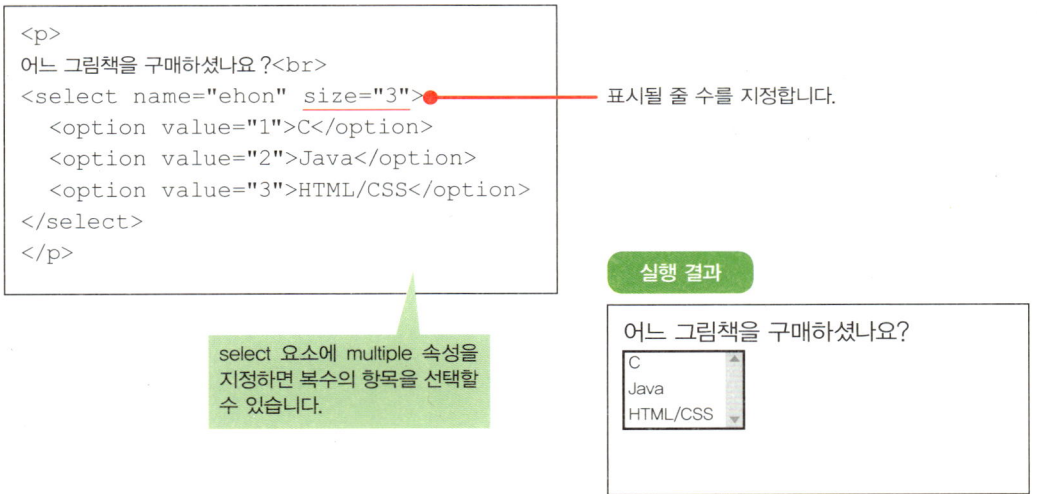

폼의 요소 (3) 67

폼의 요소 (4)

계속해서 폼의 부품을 소개합니다. 입력 필드가 이렇게 돼 있으면 편리합니다.

 label 요소

폼의 입력 부품에 캡션을 붙입니다. **value 속성**으로 라벨을 붙일 수 없는 요소에 사용하며 **label 속성**으로 부품과 캡션을 연결하면 일반적으로 해당 부품과 캡션을 연동할 수 있게 됩니다.

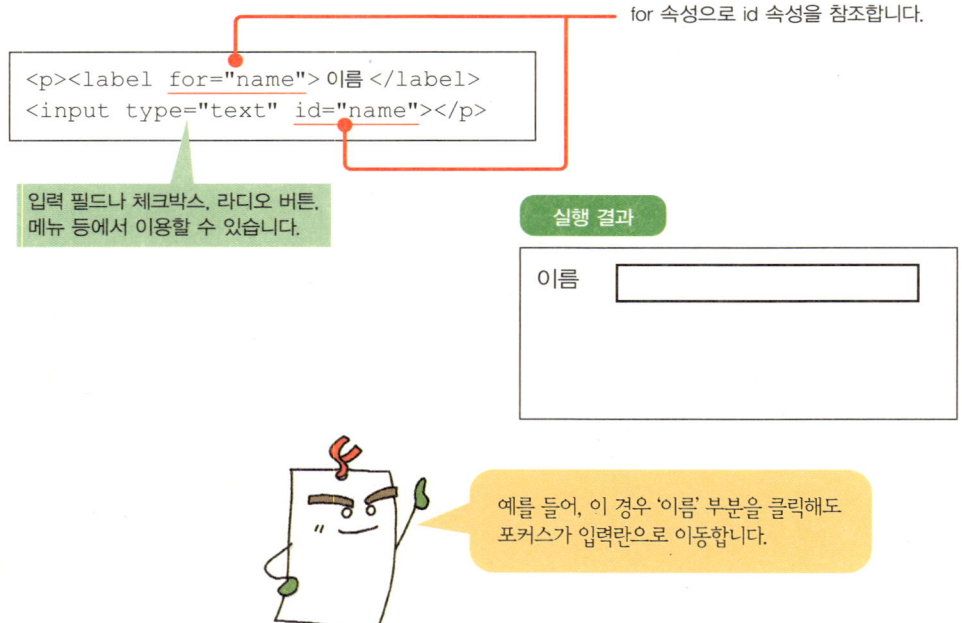

```
<p><label for="name"> 이름 </label>
<input type="text" id="name"></p>
```

for 속성으로 id 속성을 참조합니다.

입력 필드나 체크박스, 라디오 버튼, 메뉴 등에서 이용할 수 있습니다.

실행 결과

이름 [   ]

예를 들어, 이 경우 '이름' 부분을 클릭해도 포커스가 입력란으로 이동합니다.

fieldset 요소, legend 요소

fieldset 요소로 폼을 구성하는 부품을 그룹화할 수 있습니다. **legend 요소**는 fieldset 요소로 만들어진 그룹의 캡션을 나타내며 fieldset 요소 안에서 제일 처음에 배치합니다.

```html
<form action="/cgi-bin/example.cgi" method="POST">
  <fieldset>
    <legend>주소 등록</legend>
      <p>
        <label for="zipcode">우편번호</label>
        <input type="text" id="zipcode">
      </p>
      <p>
        <label for="address">주소</label>
        <input type="text" id="address">
      </p>
  </fieldset>
</form>
```

legend 요소는 fieldset 요소 안에서 제일 처음에 배치합니다.

실행 결과

┌─ 주소 등록 ──────────────────┐
│ 우편번호: [   ]   │
│   │
│ 주소: [   ]   │
└───────────────────────────────┘

폼의 요소 (4)

 샘플 프로그램

● 폼의 요소를 이용한 설문 조사 페이지를 소개합니다. CGI는 XAMPP for Windows8.2.4에서 동작을 확인했습니다.

소스 코드

formsample.html

```html
<!DOCTYPE html>
<html>
<head>
  <meta charset="UTF-8">
  <title> 설문 조사 </title>
</head>
<body>
    <form action="/cgi-bin/formsample.cgi" method="POST">
    <p> 설문 조사 </p>
    <p> 성별 </p>
    <p>
      <input type="radio" name="seibetsu" value=" 남성 "> 남성
      <input type="radio" name="seibetsu" value=" 여성 "> 여성
    </p>
    <p> 나이 </p>
    <p>
      <input type="text" name="age">
    </p>
    <p> 그림책을 알게 된 계기는 ?</p>
    <p>
    <select name="kikkake">
        <option value=" 서점에서 봤다 "> 서점에서 봤다 </option>
        <option value=" 지인의 소개 "> 지인의 소개 </option>
        <option value=" 인터넷에서 알게 됐다 "> 인터넷에서 알게 됐다 </option>
    </select>
    </p>
    <p> 의견이나 감상이 있으면 남겨주세요 .</p>
    <p>
      <textarea name="kansou" cols="50" rows="10" placeholder=" 소중한 의견을 기다립니다 ."></textarea>
    </p>
    <p><input type="submit" value=" 보내기 "></p>
    </form>
</body>
</html>
```

placeholder 속성
입력할 내용의 간단한 힌트 등을 표시할 수 있습니다.

formsample.cgi

```perl
#!/perl/bin/perl

use utf8;

# 데이터 저장
if(ZENV{"REEQUEST_METHOD"} eq "GET"){
  $str = $ENV{"QUERY_STRING"};
}else{
  read(STDIN, Zstr, ZENV{"CONTENT_LENGTH"});
}

# 문자열 인코딩
$str =~ tr/+/ /;
$str =~ s/%([0-9A-Fa-f][0-9A-Fa-f])/pack("c", hex(Z1))/eg;
foreach(split(/&/, $str)){
  my ($key, $value) = split(/=/, $_ );
  $data{$key} = $value;
}
```

```
#### 이 부분이 저장 처리 ####
#HTML 로 출력
print "content-type: text/html\n\n";
print <!DOCTYPE html><html lang=\"ja\"><meta charset=\"UTF-8\">\n;
print "<head><title> 전송완료 </title></head>\n";
print "<body>\n";
print "<p> 다음과 같은 내용으로 전송했습니다.</p>";
print "<p> 성별 :"; print"Zdata{'seibetsu'}</p>";
print "<p> 나이 :"; print"Zdata{'age'}</p>";
print "<p> 그림책을 알게 된 계기:"; print"Zdata{'kikkake'}</p>";
print "<p> 의견 및 감상 :</p>";
print "<p>$data{'kansou'}</p>";
print "</body>";
print "</html>";
```

실행 결과

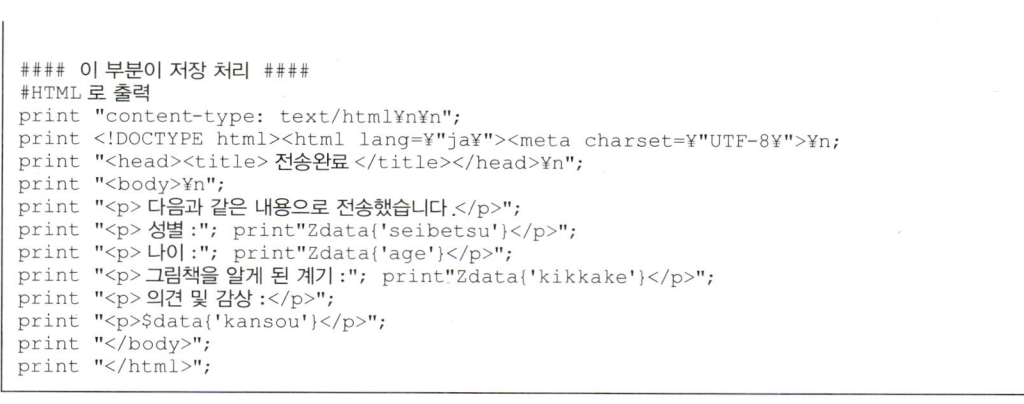

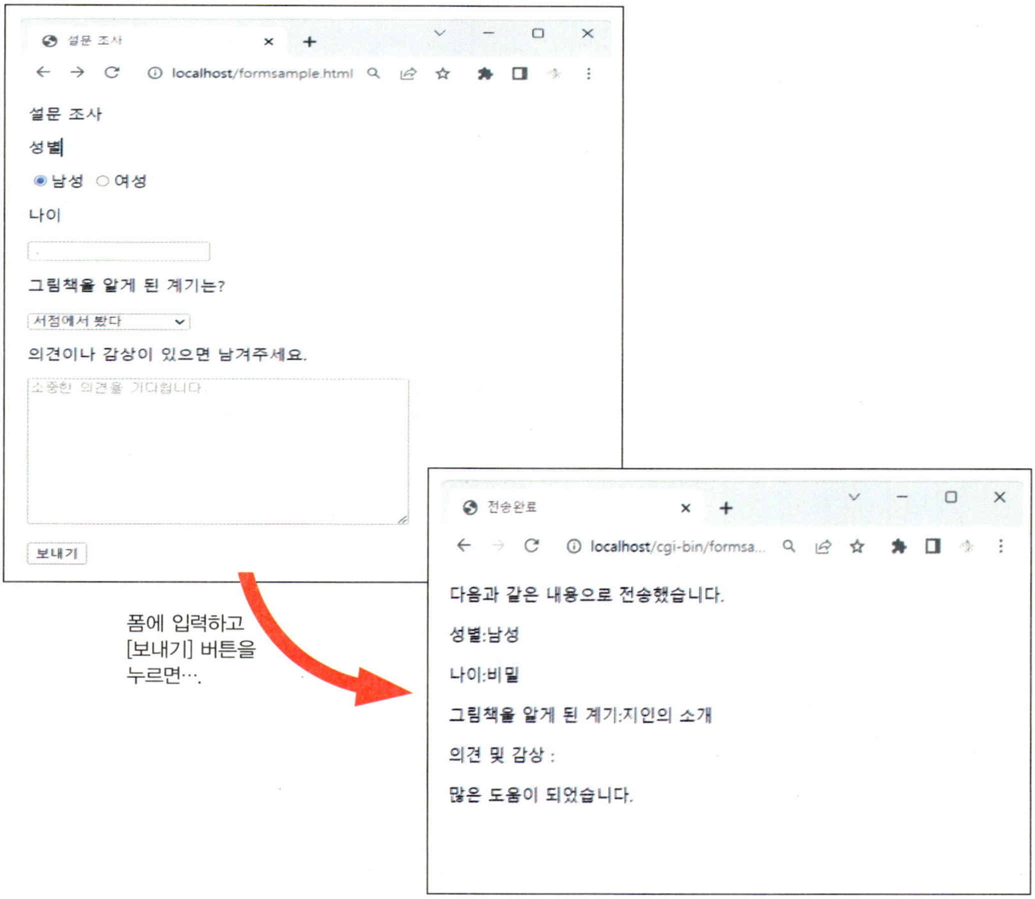

폼에 입력하고
[보내기] 버튼을
누르면….

칼럼

~ meta 요소에 대해서 ~

　HTML 파일 속에는 메타 정보라고 하는 화면에 표시되지 않는 정보가 들어 있습니다. 메타 정보에는 웹페이지에 사용되는 언어 종류나 문서와 관련된 정보를 저장합니다. 메타 정보는 웹브라우저나 검색 엔진을 위한 정보로 이용됩니다. 메타 정보는 33페이지와 41페이지에서 소개한 meta 요소로 지정합니다.

```
<meta charset="UTF-8">
```

　제작자의 정보를 지정하려면 name 속성으로 author를 지정하고 content 속성에 제작자의 이름을 지정합니다.

```
<meta name="author" content="시오리">
```

　검색 엔진을 위한 키워드를 지정하려면 name 속성으로 keyword를 지정하고 content 속성으로 원하는 키워드를 지정합니다.

```
<meta name="keywords" content="성안당, 그림책, HTML, CSS, 설명">
```

　　　　　　　　　　　　　　　　　　　　복수의 키워드를 넣을 때는
　　　　　　　　　　　　　　　　　　　　쉼표(,)로 구분합니다.

　name 속성으로 description을 지정하면 페이지 내용에 관한 개요를 기술할 수 있습니다.

```
<meta name="description" content="HTML 과 CSS 를 그림으로 설명합니다">
```

　일정 시간이 지나면 다른 페이지로 이동하게 할 수도 있습니다. http-equiv 속성에 refresh, content 속성에 시간을 초 단위로 지정하고 이동할 페이지 URL을 지정하면 지정한 시간이 지나 해당 페이지로 이동합니다.

```
<meta http-equiv="refresh" content="10;https://www.cyber.co.kr/"
```

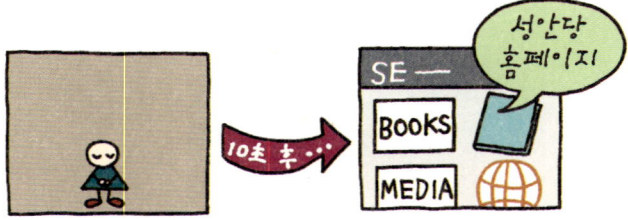

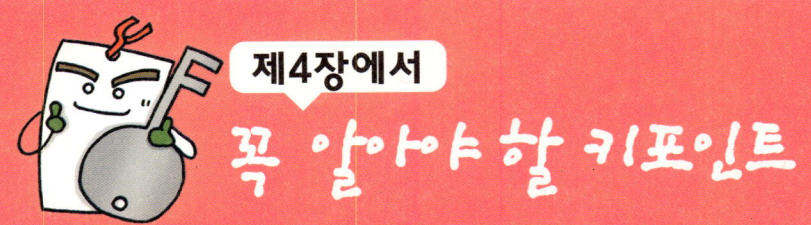

CSS란?

CSS(Cascading Style Sheets)는 문서의 레이아웃이나 겉모습을 꾸며 주는 스타일시트의 일종입니다. 스타일시트를 이용하면 글꼴의 종류와 크기, 텍스트 표시 방법, 글꼴의 굵기, 색상 등을 세밀하게 지정해 웹페이지 디자인을 간편하게 변경할 수 있습니다.

또한 웹페이지의 내용인 HTML과 디자인을 분리하면 웹페이지의 유지 보수 및 업데이트 작업이 편해집니다. 현재 문서 내용의 대부분은 HTML, 레이아웃, 장식을 CSS로 구분해서 웹페이지를 제작하는 방식이며 사양을 책정할 때도 이런 방향으로 진행되고 있습니다. 웹페이지의 레이아웃이나 디자인에 관한 것은 되도록 CSS를 이용하도록 합시다.

CSS는 W3C에 의해 표준화 작업이 진행되고 있습니다. CSS Level 2 Revision 1(CSS2.1)까지는 모든 기능이 하나의 사양서로 정리돼 있었지만, CSS3부터는 각 기능을 분야(**모듈**)별로 나눠 따로 책정하는 방식으로 바뀌었습니다. 따라서 이미 권고된 것부터 아직 책정 중인 것까지 사양마다 진행 상황이 다릅니다(W3C의 사양이 결정되는 과정은 18페이지의 칼럼을 참고하세요). 하지만 인기 있는 기능은 웹브라우저에서 미리 지원되는 것도 있으므로 5장에서 이러한 기능도 함께 소개하겠습니다.

CSS 작성의 기본

　CSS(Cascading Style Sheets)에는 CSS 고유의 문법과 규칙이 있습니다. 4장에서는 먼저 CSS 작성에 필요한 기본 지식을 배워 보겠습니다. CSS는 스타일을 적용하려는 대상에 "○○의 속성을 XX로 한다"와 같이 기술해 나갑니다. 형식 자체는 간단합니다. 그렇다면 스타일시트를 어디에 작성하는 것이 좋을까요? 물론 HTML 파일 내부에 직접 작성할 수도 있지만, 현재의 웹 페이지 제작에서는 CSS를 HTML 파일과 별도로 준비하는 것을 권장합니다.

　이렇게 하면 디자인을 변경하고 싶을 때 CSS 파일만 수정할 수 있고 동일한 파일을 참조함으로써 웹 사이트의 기본 디자인을 일관성 있게 유지할 수 있습니다.
　스타일이 적용되는 대상은 특정 요소이거나 모든 요소 또는 일정 조건을 충족하는 요소 등 다양합니다. 사용하는 상황에 따라 적용할 수 있는 많은 선택지가 있지만, 욕심을 부리기보다는 꼭 필요한 주요 내용으로 좁혀서 학습하겠습니다. 기억해야 할 것이 많고 어려울 수도 있지만, 서두르지 말고 직접 만들어 보면서 공부해 보세요.

CSS란?

웹페이지의 겉모습을 꾸밀 수 있는 CSS에 대해서 설명합니다.

CSS란?

CSS(Cascading Style Sheets)는 웹페이지의 디자인이나 레이아웃 등 '문서의 겉모습'(**스타일**)에 관한 부분을 지정하는 방법입니다.

> CSS를 단순히 '스타일시트'라고 부르기도 합니다 (7페이지).

웹페이지를 제작할 때는 문서의 내용이나 의미 부여와 관한 것은 HTML, 겉모습 등 디자인에 관한 것은 CSS로 작성하는 하는 것이 일반적입니다.

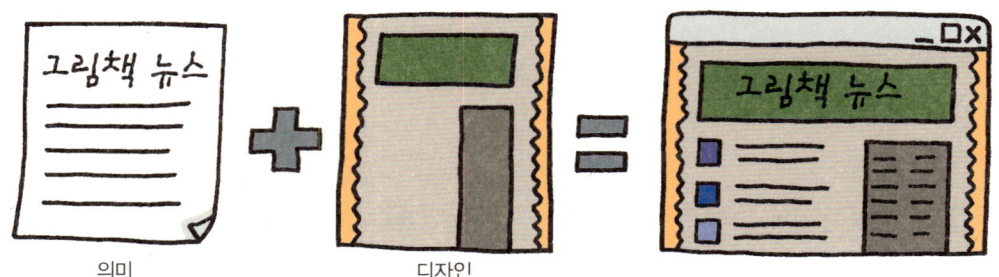

의미 　　　　디자인

최근의 CSS

CSS도 나날이 발전해 CSS2.1이 정식으로 책정된 이후 2023년 2월 현재 **CSS3**과 **CSS4**가 책정 중입니다. CSS3과 CSS4에서는 각 기능의 분야(**모듈**)별로 사양서를 분리해 개발을 진행하고 있어 개정의 효율화를 도모하고 있습니다.

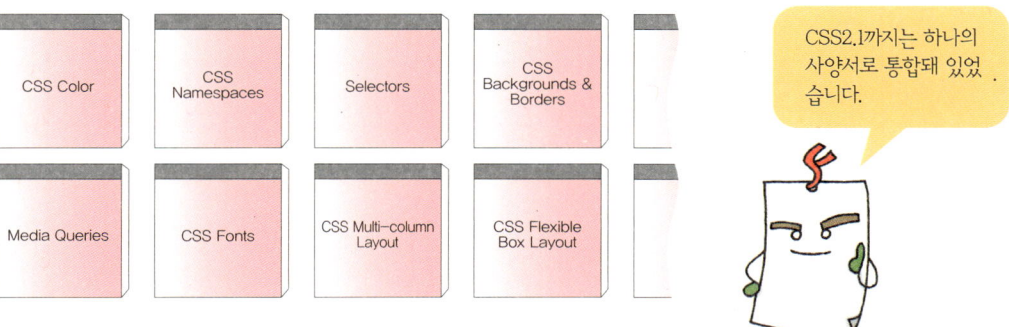

CSS2.1까지는 하나의 사양서로 통합돼 있었습니다.

단순한 CSS의 예

CSS를 이용해 문자에 색을 입혀 봅시다. 자세한 문법은 다음 페이지부터 설명합니다.

예

```
<!DOCTYPE html>
<html lang="ko">
<head>
   <meta charset="UTF-8">
   <title>HTML 파일 작성</title>
   <style>
   span {
      color: red;  /* 빨간색 */
   }
   </style>
</head>
<body>
   <p><span>HTML</span>으로 작성된 파일입니다.</p>
</body>
</html>
```

- 스타일을 적용하고 싶은 요소나 id, class 이름을 지정합니다. 이 부분을 **선택자**라고 합니다.
- /* */로 감싼 부분은 주석입니다.
- color **속성**에 red라는 **값**을 설정합니다. 여기서는 글자색을 빨간색으로 지정했습니다.
- `<style>~</style>`이 스타일에 대해 기술하는 부분입니다.
- 문서 본체에는 변경 사항이 없습니다.
- CSS를 HTML과 별도의 파일로 만드는 방법도 있습니다. 80페이지를 참고하세요.

실행 결과

HTML로 작성된 파일입니다.

CSS를 기술하는 위치 (1)

CSS를 기술하는 방법은 크게 3가지가 있습니다. 이용하는 상황에 따라 구분해서 사용하도록 돼 있습니다. 우선, 2가지 방법을 소개합니다.

 ## style 속성으로 지정하는 방법

HTML 태그 내에서 style 속성을 지정하고 요소에 직접 스타일을 적용합니다. 지정한 요소에서만 유효합니다.

글자색을 빨간색으로 지정합니다.

```
<p style="color: red;">CSS를 적용했습니다.</p>
<p>「red」로 빨간색을 지정합니다</p>
<p>「#ff0000」으로도 지정할 수 있습니다</p>
```

실행 결과

지정한 요소의 글자색이 빨간색이 됩니다.

다른 부분에는 영향을 미치지 않습니다.

> 스타일시트의 적용 범위를 지정할 때는 div나 span 요소(48페이지)도 자주 이용합니다.

style 요소를 사용해 같은 파일 안에서 지정하는 방법

style 요소 안에 스타일을 모아서 HTML 파일의 head 요소 안에 기술합니다. 파일 안이라면 복수 요소에 스타일을 적용할 수 있다는 장점이 있습니다.

```
<!DOCTYPE html>
<html lang="ko">
<head>
  <meta charset="UTF-8">
  <title>CSS 적용 방법</title>
  <style>
   p {
     color: red;
     font-style: italic;
   }
  </style>
</head>
<body>
  <p>CSS 를 적용했습니다.</p>
  <p> 글자가 빨간색 이탤릭체로 표시됩니다.</p>
</body>
</html>
```

p 요소의 글자색과 글꼴 스타일을 지정합니다.

글꼴을 이탤릭체로 만듭니다.

실행 결과

CSS를 적용했습니다.
글자가 빨간색 이탤릭체로 표시됩니다.

모든 p 요소에 스타일이 적용된 글자색과 글꼴 스타일로 표시됩니다.

이 지정 방법은 같은 HTML 파일 안에서만 유효해요.

CSS를 기술하는 위치 (1)

CSS를 기술하는 위치 (2)

CSS는 외부 텍스트 파일에 기술하는 것을 권장합니다.

외부 파일에서 읽어 오는 방법

외부 텍스트 파일에 스타일을 모아서 저장해 두고 HTML 파일에서 읽어 오는 방법입니다.

global.css
```
p {
  color: red;
  font-style: italic;
}
```

a.html
```
<html lang="ko">
<head>
  <meta charset="UTF-8">
  <title>CSS 적용 방법 </title>
  <link rel="stylesheet" href="global.css">
</head>
<body>
  <p>CSS 를 적용했습니다.</p>
  <p> 글자가 빨간 이탤릭체로 표시됩니다.</p>
</body>
</html>
```

b.html
```
<html lang="ko">
<head>
  <meta charset="UTF-8">
  <title>CSS 적용 방법 </title>
  <style>
  @import url("global.css");
  </style>
</head>
<body>
  <p>CSS 를 적용했습니다.</p>
  <p> 글자가 빨간 이탤릭체로 표시됩니다.</p>
</body>
</html>
```

외부 CSS 파일을 읽어 오는 데는 link 요소를 이용하는 방법과 style 요소 안에서 @import로 지정하는 방법이 있습니다.

웹브라우저로 보면, 두 HTML 파일 모두 지정한 글자색과 글꼴 스타일로 표시됩니다.

≫ CSS 파일 작성하기

CSS 파일은 HTML 파일과 마찬가지로 윈도우의 메모장과 같은 텍스트 에디터로 작성할 수 있습니다. 확장자를 '.css'로 지정해서 임의의 폴더에 저장하세요. HTML 파일에는 CSS 파일의 위치를 정확히 적어야 합니다.

URL 기술 방법(17페이지)을 확인합시다!

외부 파일을 사용하는 장점

CSS 지정을 외부 파일로 만들면 다음과 같은 장점이 있습니다.

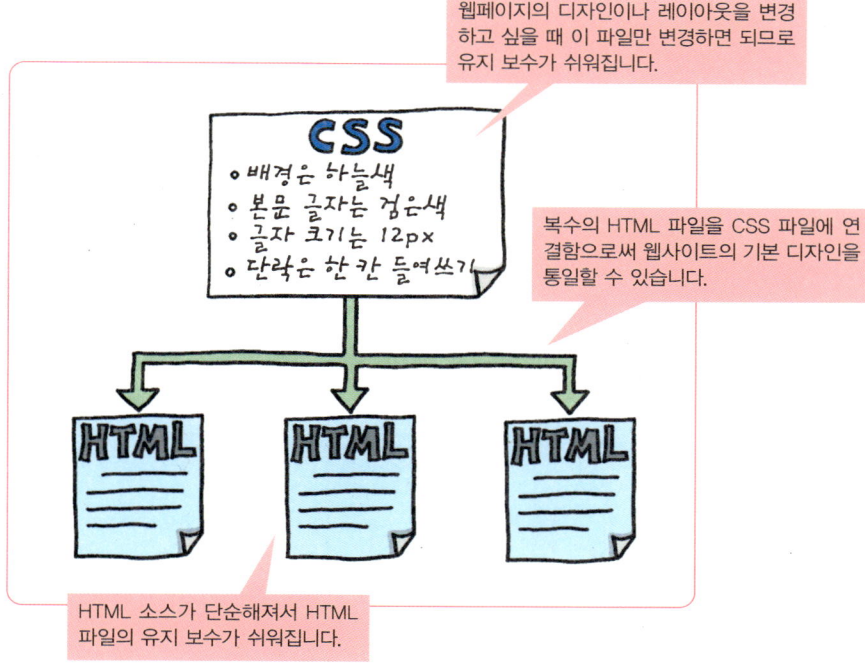

 ## 우선 순위

78~80페이지에서 살펴본 CSS 기술 방법에는 우선순위가 정해져 있습니다. 하나의 HTML 파일에 여러 스타일이 사용된 경우, 기본적으로 나중에 읽어 온 스타일일수록 우선순위가 높아집니다.

외부 파일에서 읽어 오는 방법   style 요소로 지정하는 방법   style 속성으로 지정하는 방법

낮다 ———————— 우선순위 ————————▶ 높다

나중에 읽어 온 설정이 앞에서 읽어 온 설정을 덮어쓰는 규칙입니다.

CSS의 기본 형식

CSS를 기술할 때 가장 기본이 되는 형식과 주석을 넣는 방법을 알아봅시다.

기본 형식

CSS에서는 다음과 같이 { } 사이에 스타일을 기술하고 '**선택자**의 **속성**을 **값**으로 지정'합니다.

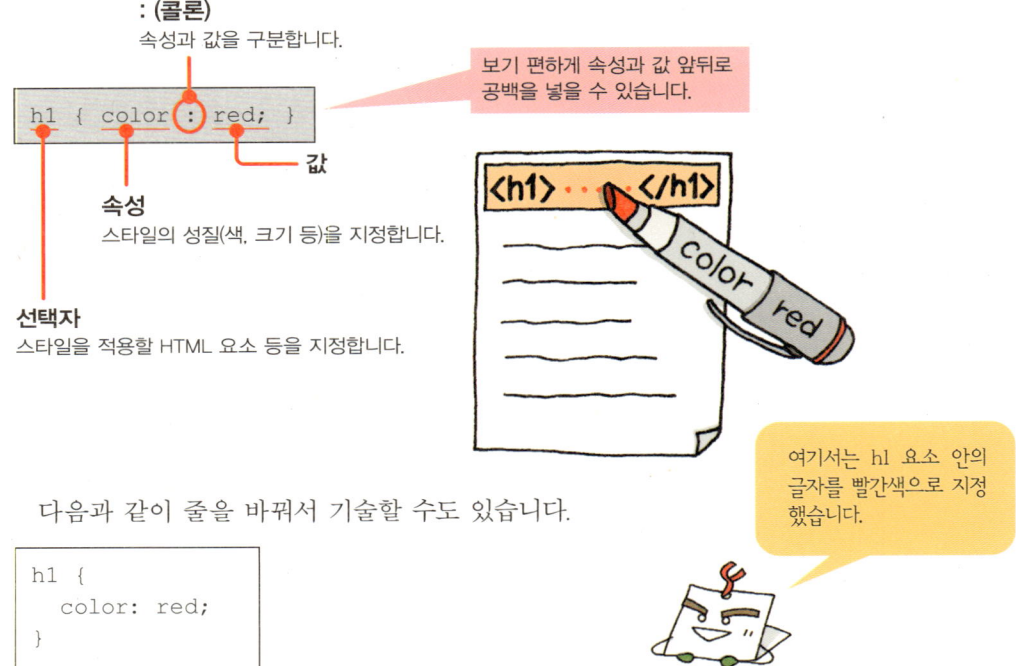

: (콜론)
속성과 값을 구분합니다.

보기 편하게 속성과 값 앞뒤로 공백을 넣을 수 있습니다.

h1 { color : red; }

값

속성
스타일의 성질(색, 크기 등)을 지정합니다.

선택자
스타일을 적용할 HTML 요소 등을 지정합니다.

여기서는 h1 요소 안의 글자를 빨간색으로 지정했습니다.

다음과 같이 줄을 바꿔서 기술할 수도 있습니다.

```
h1 {
   color: red;
}
```

여러 개의 속성을 지정하는 경우에는 { } 안을 ;(세미콜론)으로 구분해 나열합니다.

```
h1 {color: red;  font-style: italic;}
```

글꼴을 이탤릭체로 지정합니다.

```
h1 {
   color: red;
   font-style: italic;
}
```

초깃값

　CSS의 각 속성에는 미리 **초깃값**이 설정돼 있습니다. 값을 지정하지 않은 경우나 부모 요소 등 다른 요소에서 가져오는 값이 없는 경우에는 이 초깃값이 적용되도록 돼 있습니다. 이 책에서는 필요에 따라 《초깃값》 마크로 표기했습니다.

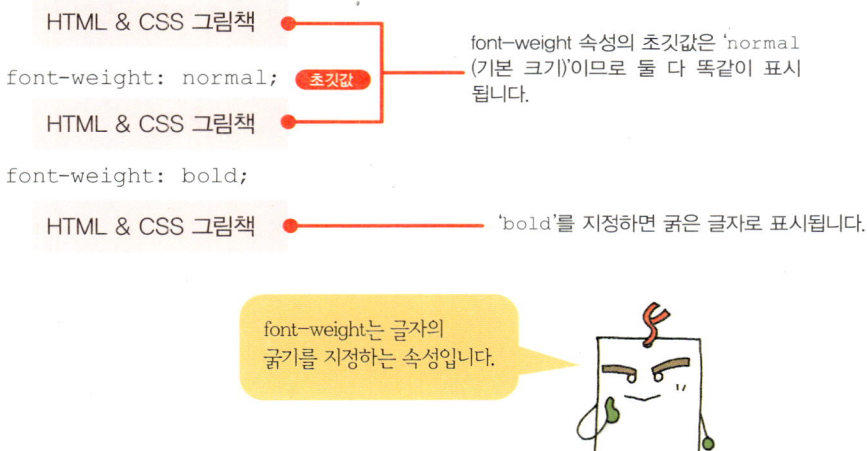

주석 넣는 법

　CSS에서는 /* */로 에워싼 범위를 주석으로 다룹니다. HTML처럼 주석을 겹쳐서 넣을 수는 없습니다.

```
h1 {
  color: red;    /* h1 요소를 빨간색 이탤릭체로 한다.*/
  font-style: italic;
}
```

적용 대상 지정 (1)

기본 형식 이외에도 스타일을 설정하는 다양한 방법이 있습니다. 그중에서도 자주 이용되는 설정 방법을 알아봅시다.

🔓 여러 요소에 같은 스타일을 설정한다

여러 요소에 같은 스타일을 설정하려면 택자를 쉼표(,)로 구분합니다.

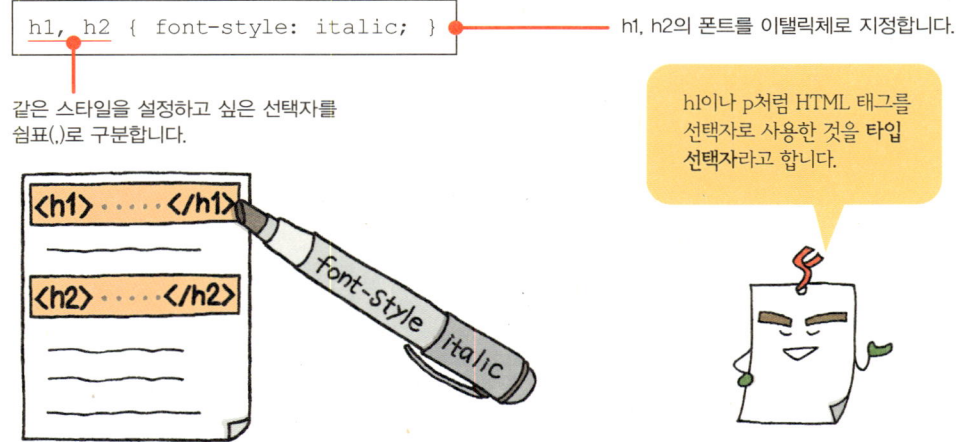

`h1, h2 { font-style: italic; }` — h1, h2의 폰트를 이탤릭체로 지정합니다.

같은 스타일을 설정하고 싶은 선택자를 쉼표(,)로 구분합니다.

h1이나 p처럼 HTML 태그를 선택자로 사용한 것을 **타입 선택자**라고 합니다.

🔓 모든 요소에 같은 스타일을 설정한다

모든 요소에 같은 스타일을 설정하려면 별표(*)를 사용합니다.

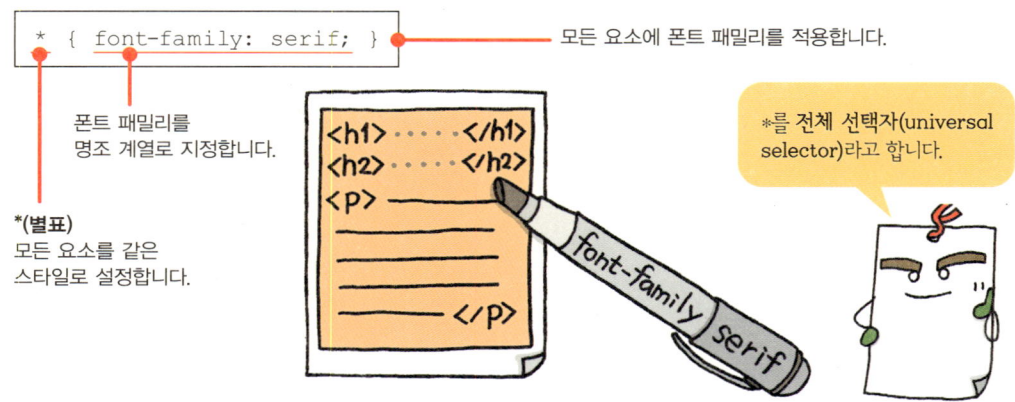

`* { font-family: serif; }` — 모든 요소에 폰트 패밀리를 적용합니다.

폰트 패밀리를 명조 계열로 지정합니다.

*(별표)
모든 요소를 같은 스타일로 설정합니다.

*를 **전체 선택자**(universal selector)라고 합니다.

84   4장 / CSS의 기초

예

```
<!DOCTYPE html>
<html lang="ko">
<head>
  <meta charset="UTF-8">
  <link rel="stylesheet" href="fonts.css">
</head>
<body>
    <h1> 글꼴에 대해서</h1>
    <h2> 이탤릭체 글꼴</h2>
    <p> 이탤릭체 글꼴은<br>
    글자를 오른쪽으로 기울인 서체입니다.<br>
    일반적으로<span>기울임꼴</span>이라고도 합니다.</p>
</body>
</html>
```

`href="fonts.css"` → 읽어 올 CSS 파일을 지정합니다.

fonts.css

```
*  { font-family: serif; }
h1, h2 { font-family: sans-serif; }
span    { font-style: italic;
          font-weight: bold;
        }
```

- `* { font-family: serif; }` → 모든 요소에 명조 계열 글꼴을 지정합니다.
- `h1, h2 { font-family: sans-serif; }` → h1 요소와 h2 요소는 고딕 계열 글꼴을 지정합니다.
- `span { font-style: italic; font-weight: bold; }` → span 요소에 이탤릭체와 볼드 스타일을 지정합니다.

실행 결과

글꼴에 대해서

이탤릭체 글꼴

이탤릭체 글꼴은
글자를 오른쪽으로 기울인 서체입니다.
일반적으로 *기울임꼴*이라고도 합니다.

적용 대상 지정 (2)

특정 요소에 스타일을 설정하는 클래스 선택자와 ID 선택자에 대해 알아봅시다.

 ## 특정 요소에 같은 스타일을 지정한다

선택자에 **클래스** 이름을 붙여 스타일을 정의해 두면, 같은 클래스 이름을 가진 요소에 스타일을 지정할 수 있습니다. 반복해서 같은 스타일을 사용할 때 편리합니다.

태그와 클래스 이름을 '.(피리어드)'로 연결합니다.

클래스 이름
클래스 이름에는 영문자와 숫자 및 하이픈(-)을 사용할 수 있습니다. 영문자로 시작합니다.

```css
p.ehon {
    color: green;
    font-size: x-large;
}
```

p 요소의 ehon 클래스에 글자 크기를 크게, 글자색을 녹색으로 지정합니다.

> 클래스 이름을 붙인 선택자를 **클래스 선택자**라고 합니다.

HTML에서는 class="클래스 이름"으로 클래스 선택자를 지정합니다.

```html
<p class="ehon"> HTML&CSS 그림책 </p>
```

```html
   :
<p class="ehon"> HTML&CSS 그림책 </p>
<p>JavaScript 그림책 </p>
<p class="ehon"> HTML&CSS 그림책 </p>
   :
```

HTML&CSS 그림책

JavaScript 그림책

HTML&CSS 그림책

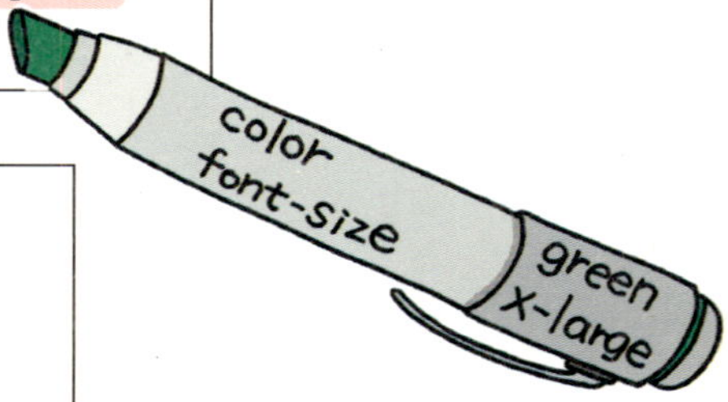

특정 요소에 스타일을 지정한다

ID 이름을 붙여서 스타일을 설정해 두면, 그 ID 이름을 가진 요소에 스타일을 지정할 수 있습니다.

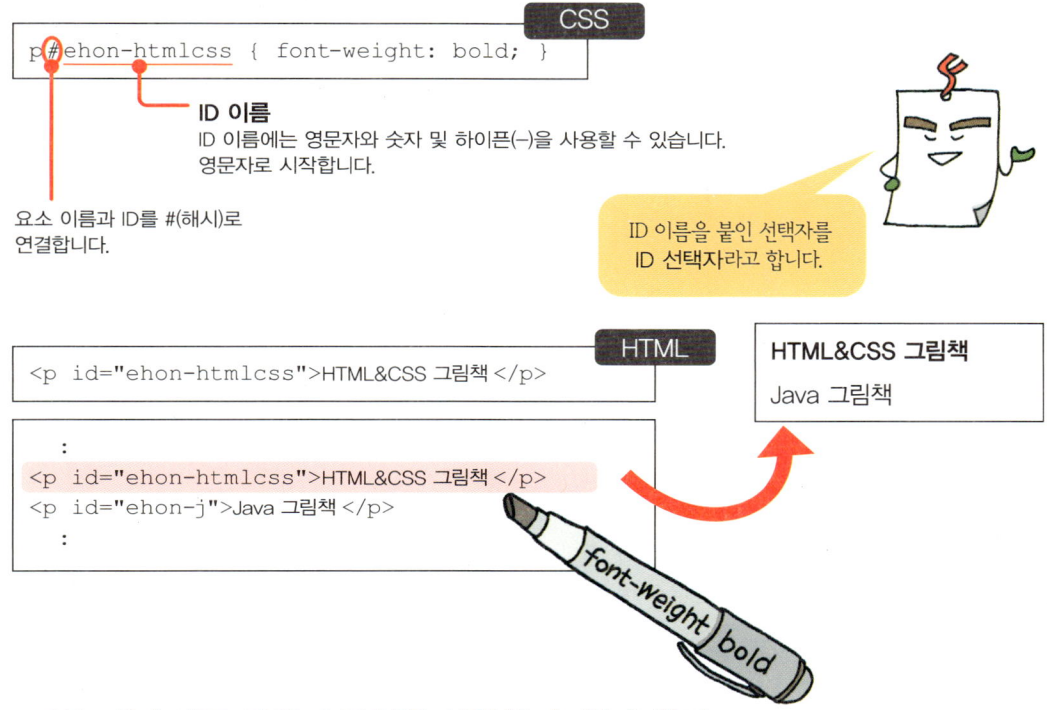

≫ 어느 요소에도 같은 스타일을 사용할 수 있게 한다

'.클래스 이름'처럼 스타일을 지정하면 같은 class 속성을 가진 요소 전체에 스타일을 적용할 수 있습니다.

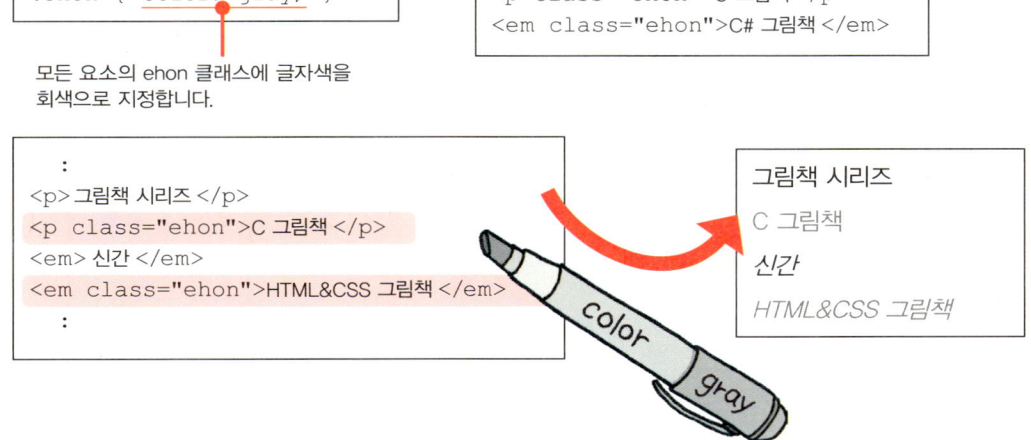

웹사이트의 개요

HTML의 기초

HTML의 요소

CSS의 기초

CSS의 속성 (1)

CSS의 속성 (2)

반응형 디자인

자바스크립트

부록

적용 대상 지정 (2)

적용 대상 지정 (3)

링크 위에 마우스 커서를 올려놓았을 때 스타일을 변경하는 방법을 소개합니다.

링크 위에 마우스 커서를 올려놓으면 스타일을 변경한다

a 요소에 **hover**라는 특별한 클래스를 지정해 두면 링크 위에 커서를 올려놓았을 때 스타일을 변경할 수 있습니다. hover처럼 특정 상태에 스타일을 지정하는 특수한 클래스를 **가상 클래스**라고 합니다.

요소 이름과 가상 클래스 이름을 :(콜론)으로 연결합니다.

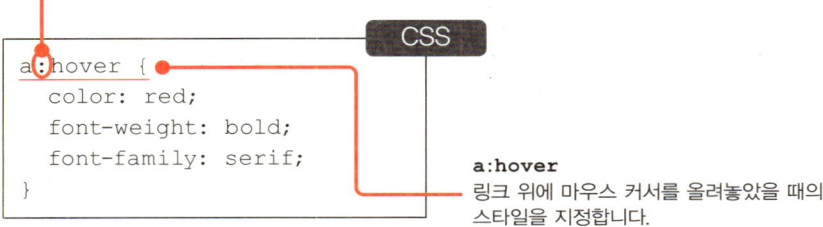

CSS
```
a:hover {
  color: red;
  font-weight: bold;
  font-family: serif;
}
```

a:hover
링크 위에 마우스 커서를 올려놓았을 때의 스타일을 지정합니다.

HTML
```
<a href="https://www.w3.org/">W3C 사이트</a>
```

실행 결과

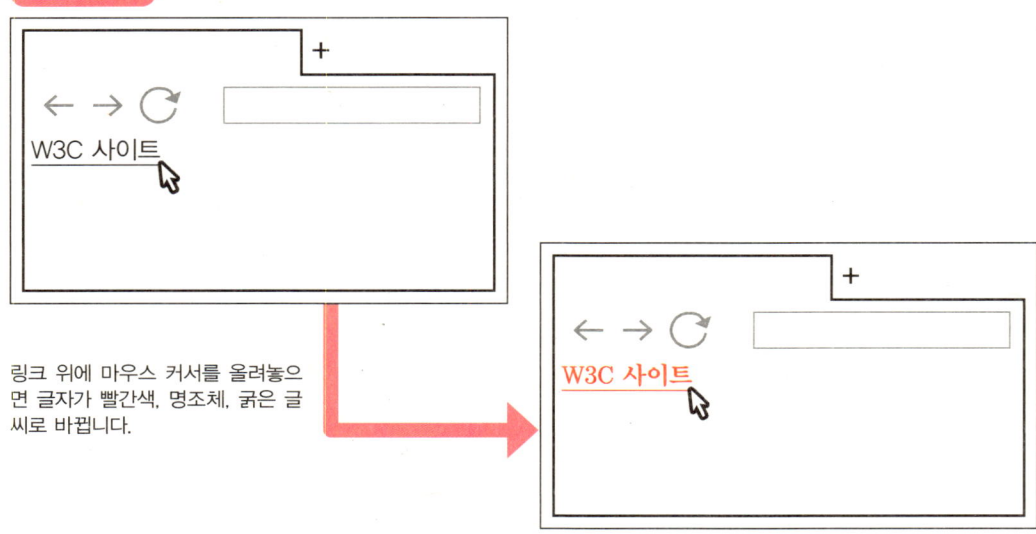

링크 위에 마우스 커서를 올려놓으면 글자가 빨간색, 명조체, 굵은 글씨로 바뀝니다.

링크가 액티브로 됐을 때 스타일을 변경한다

마우스를 누르고 나서 뗄 때까지의 상태를 **액티브**라고 합니다. a 요소에 **active 가상 클래스**를 사용하면 링크가 액티브가 됐을 때의 스타일을 변경할 수 있습니다.

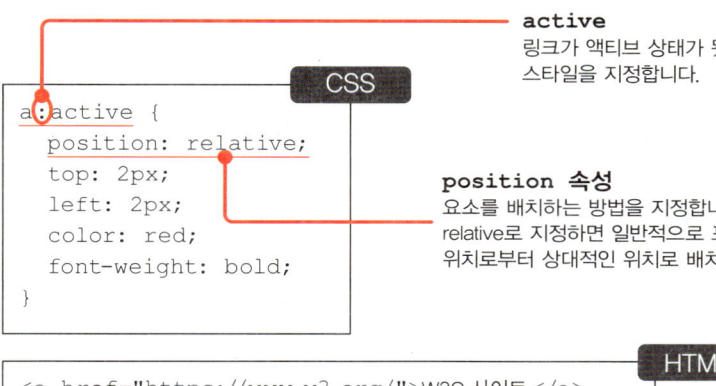

active
링크가 액티브 상태가 됐을 때의 스타일을 지정합니다.

```
a:active {
    position: relative;
    top: 2px;
    left: 2px;
    color: red;
    font-weight: bold;
}
```

position 속성
요소를 배치하는 방법을 지정합니다. relative로 지정하면 일반적으로 표시되는 위치로부터 상대적인 위치로 배치됩니다.

```html
<a href="https://www.w3.org/">W3C 사이트</a>
```

실행 결과

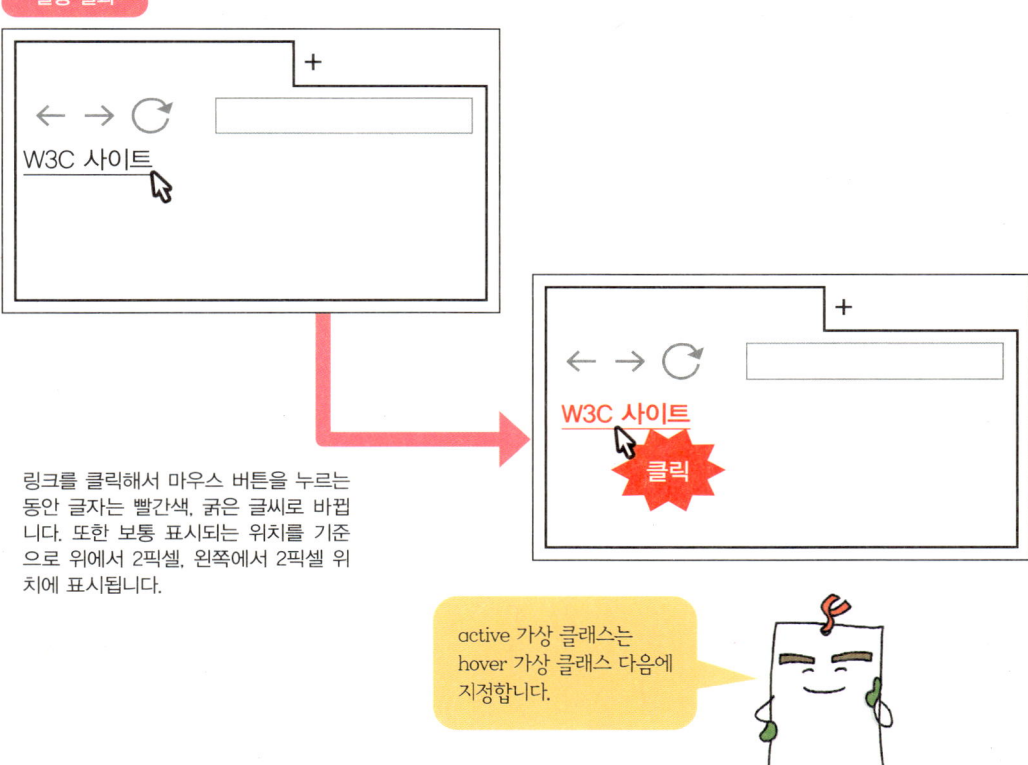

링크를 클릭해서 마우스 버튼을 누르는 동안 글자는 빨간색, 굵은 글씨로 바뀝니다. 또한 보통 표시되는 위치를 기준으로 위에서 2픽셀, 왼쪽에서 2픽셀 위치에 표시됩니다.

active 가상 클래스는 hover 가상 클래스 다음에 지정합니다.

적용 대상 지정 (3)

색과 길이를 지정하는 방법

CSS로 색과 길이를 지정할 경우, 어떻게 기술하는 것이 좋을까요? 다양한 지정 방법이 있지만, 우선 그 기본을 알아 둡시다.

색을 지정한다

색은 **색 이름**이나 **RGB 값**으로 지정하는 것이 기본입니다.

≫ RGB 값으로 지정

색 이름 또는 빛의 삼원색인 빨간색, 초록색, 파란색 값(RGB 값)을 지정합니다. RGB 값에서는 숫자가 클수록 그 색이 강하게 표현됩니다. 주로 다음과 같은 형식으로 지정합니다.

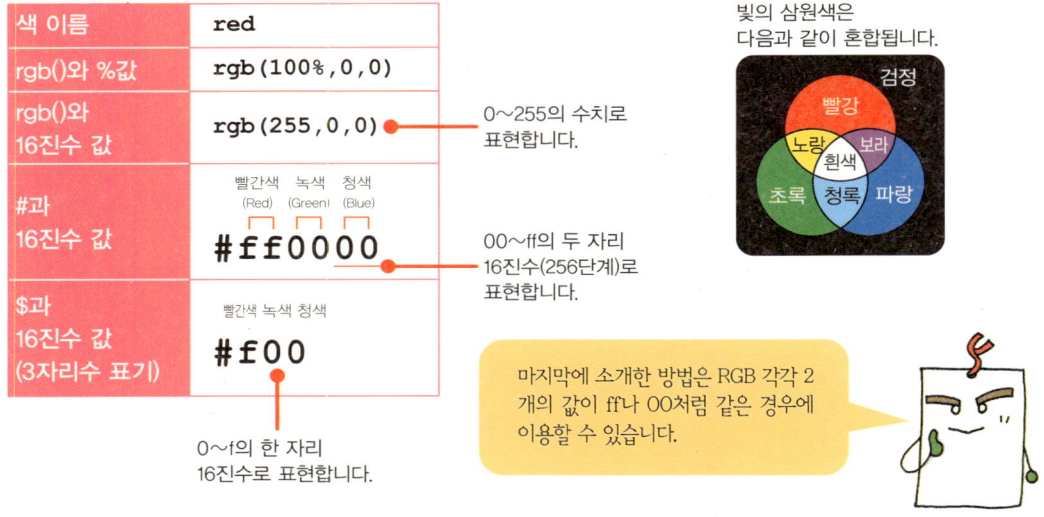

≫ 투명을 지정

값에 Transparent를 지정하면 투명하게 할 수 있습니다.

```
.tp { background: transparent; }
```

요소의 배경을 투명으로 지정합니다.

이 경우, 부모 요소에 배경색과 배경 이미지가 지정돼 있으면 그 색이나 이미지가 비쳐 보이게 됩니다.

길이(크기)를 지정한다

길이나 크기를 지정하려면 주로 다음과 같은 방법을 사용합니다.

단위	의미	예
%	다른 값에 대한 배율	120%
px	디스플레이의 1도트를 1로 한다.	14px
em	현재 문자 크기에 대한 배율	1.2em
ex	현재 소문자 x의 크기에 대한 배율	2.3em
이름 지정	small, large 등의 키워드	

≫ 값이 0인 경우

'수치 + 단위'로 지정할 때 값이 0인 경우에는 단위를 생략할 수 있습니다.

```
.sample1 { padding: 0; }
```

칼럼

~ 특수한 문자 표시 ~

태그를 표시할 때 사용하는 < >나 키보드로 입력할 수 없는 문자, 기호와 같은 특수한 문자를 웹브라우저에 표시하기 위해서는 '문자 참조'라는 방법을 사용합니다. 문자 참조는 '&'로 시작되고 ';'로 끝나는 형식으로 돼 있고 키워드를 사용하는 방법과 문자 번호를 사용하는 방법이 있습니다.

▶ 키워드를 사용하는 방법(문자 실체 참조)

'&키워드;'처럼 지정합니다. 키워드는 대문자 소문자를 구별합니다.

▶ 문자 번호를 사용하는 방법(수치 문자 참조)

10진수 또는 16진수 문자 번호를 사용해 10진수인 경우에는 '&#번호;', 16진수인 경우에는 '&#x번호;'처럼 지정합니다.

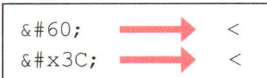

다음은 몇 가지 문자 참조의 예입니다.

표시	키워드	10진수	16진수
<	&lt;	&#60;	&#x3c;
>	&gt;	&#62;	&#x3e;
&	&amp;	&#38;	&#x26;
©	&copy;	&#169;	&#xa9;
®	&reg;	&#174;	&#xae;
줄바꿈하지 않는 공백			

다양한 문자나 기호를 표시할 수 있지만, 실제로 표시할 수 있는지는 사용자의 환경에 따라 달라집니다.

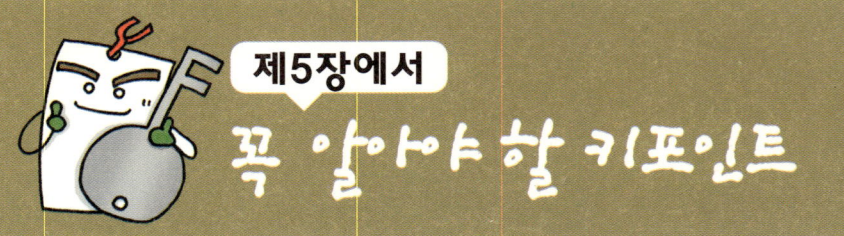

CSS의 속성을 배워 봅시다

 5장과 6장에서는 4장에서 배운 CSS 문법 지식을 바탕으로 다양한 속성에 대해 알아보겠습니다.

 5장에서는 CSS2.1까지 이미 사양이 확정되고 널리 보급된 속성을 중심으로 다룹니다. 6장에서 다룰 속성처럼 화려하고 눈길을 끄는 기능은 아니지만, 텍스트와 글꼴, 색상과 이미지, 레이아웃 등 디자인의 기본이 되는 중요한 속성들입니다.

 단위나 색을 지정하는 방법이 여러 종류이고 상하좌우, 가로세로 등 위치나 방향에 대한 개념이 세밀하게 정해져 있어서 처음에는 생각처럼 되지 않는 경우도 많을지 모릅니다. 처음부터 모든 것을 이해할 필요는 없습니다. 디자인이 마음에 들 때까지 수정하다 보면 조금씩 요령이 생기기 마련입니다. 다양하게 시도해 보세요.

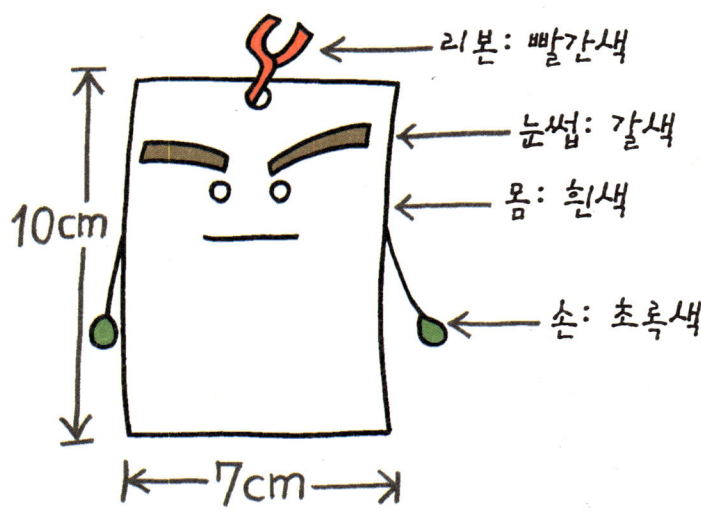

박스 모델을 알아 둡시다

 텍스트나 글꼴의 스타일은 대부분 변경하고자 하는 문자열에 직접 지정하는 경우가 많습니다. 반면, 웹페이지의 레이아웃을 결정할 때는 **박스**라는 개념이 중요합니다.
 박스는 각 요소가 생성하는 사각형 영역을 말하며 내용 영역, 여백, 패딩, 테두리로 구성됩니다. 콘텐츠(요소)의 크기와 여백을 어느 정도로 할 것인지, 그것들을 어느 위치에 어떻게 배치할 것인지와 같은 스타일을 이 4가지를 이용해서 지정합니다. 또한 배경색이나 배경 이미지 위치, 반복 등을 지정할 때도 이 박스가 기준이 됩니다. 사각형 부품을 가로세로로 나열하거나 겹치거나 색을 칠한다고 생각하면 좋을 것 같습니다.

 그럼 실제 속성에 대해 알아봅시다.

제5장에서 꼭 알아야 할 키포인트

텍스트에 관한 속성 (1)

텍스트의 겉모습을 바꿔 주는 속성 중 중요한 것들을 살펴봅시다.

표시될 위치를 지정한다

행의 높이, 행 안에서 텍스트가 표시되는 위치 등을 지정하는 속성입니다.

≫ 행의 높이를 지정하는 속성

행의 높이는 **line-height** 속성으로 지정합니다.

속성	의미	값
line-height	행의 높이를 지정합니다.	normal(표준) 초깃값 수치, px, % 등의 단위

```
div{
   font-size: 14px;
   line-height: 18px;
}
```

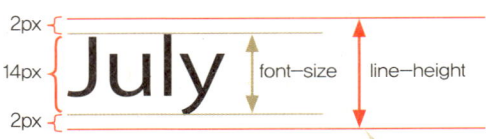

line-height 값과 문자 높이의 차이가 절반씩 위, 아래에 삽입됩니다.

단위가 없는 수치로 지정한 경우에는 그 수치에 문자 크기(글꼴 크기/101페이지)를 곱한 값이 행의 높이가 됩니다.

```
line-height: 1.2;
```

행의 높이는 문자 크기의 1.2배가 됩니다.

단위 지정 방법은 91페이지를 참조하세요.

≫ 텍스트의 위치를 지정하는 속성

텍스트가 표시되는 위치는 **text-align** 속성이나 **vertical-align** 속성으로 지정합니다. 지정할 수 있는 값은 다음과 같습니다.

속성	의미
text-align	텍스트의 가로 방향 표시 위치를 지정합니다.

값	의미	예	값	의미	예
left	왼쪽 정렬	시오리	start 초깃값	시작 위치로 정렬	시오리
right	오른쪽 정렬	시오리	end	끝 위치로 정렬	시오리
center	가운데 정렬	시오리			
justify	양쪽 정렬	시 오 리			

시작과 끝은 사용하는 언어의 문자 기술 방향에 따라 달라집니다.

속성	의미
vertical-align	텍스트의 세로 방향 표시 위치를 지정합니다.

baseline `초깃값`	부모 요소의 베이스라인에 맞춥니다.
sub	아래첨자
super	위첨자
top	부모 요소 박스 상단에 맞춰 정렬합니다.
text-top	부모 요소 글꼴 상단에 맞춰 정렬합니다.
middle	텍스트 중심을 부모 요소 박스의 소문자 x의 중심에 맞춰 정렬합니다.
bottom	부모 요소 박스의 하단에 맞춰 정렬합니다.
text-bottom	부모 요소 글꼴 하단에 맞춰 정렬합니다.

베이스라인(기준선)

※ 색칠된 범위가 이 경우의 박스 크기입니다.

vertical-align 속성의 값은 %나 px로 지정할 수도 있습니다.

≫ 인덴트를 지정하는 속성

인덴트(들여쓰기)는 **text-indent** 속성으로 지정합니다.

프로퍼티	의미	값
text-indent	텍스트 첫 줄의 들여쓰기를 지정합니다. 마이너스 값도 지정할 수 있습니다.	px, % 등의 단위, 초깃값은 0

```
p{
   text-indent: 3em;
}
```

첫 줄을 3문자만큼 들여 씁니다.

실행 결과

　　　국내 최초 그림으로 배우는 HTML/CSS 입문서입니다. 일러스트를 활용해 어려운 개념까지 직관적으로 파악할 수 있어 쉽게 이해할 수 있습니다.

텍스트에 관한 속성 (2)

계속해서 텍스트의 겉모습을 바꿔 주는 속성을 소개합니다.

텍스트 간격을 지정한다

문자와 문자의 간격이나 단어와 단어의 간격은 다음과 같은 속성으로 지정합니다.

속성	의미	값
`letter-spacing`	문자 간격을 지정합니다. 값은 표준 문자 간격에 추가할 간격입니다.	normal(표준) **초깃값**, px 등의 단위
`word-spacing`	단어 간격을 지정합니다. 값은 표준 단어 간격에 추가할 간격입니다.	normal(표준) **초깃값**, px 등의 단위

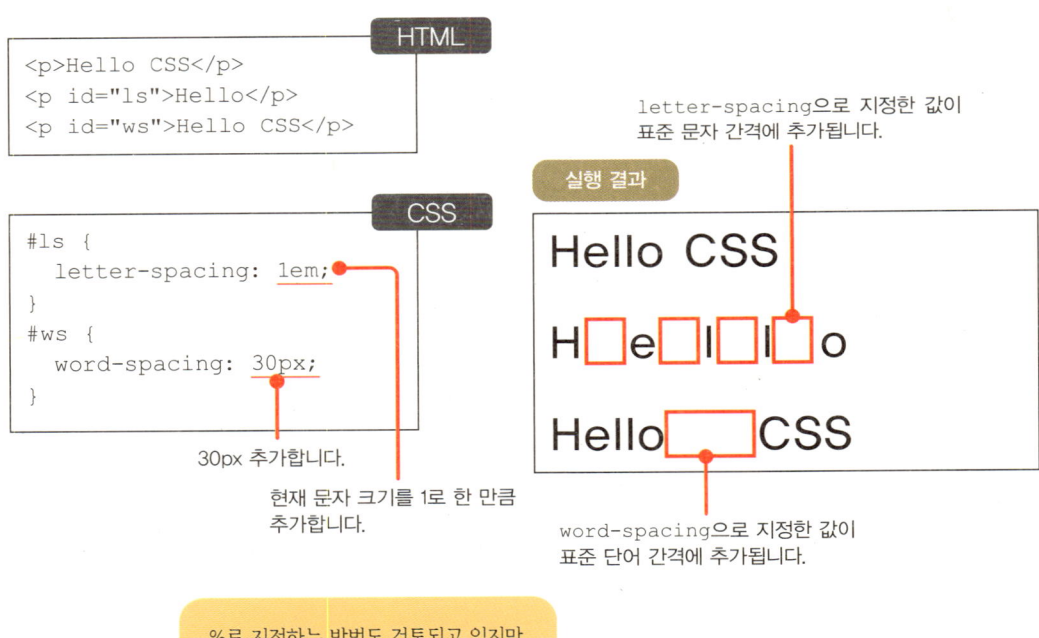

HTML
```
<p>Hello CSS</p>
<p id="ls">Hello</p>
<p id="ws">Hello CSS</p>
```

CSS
```
#ls {
    letter-spacing: 1em;
}
#ws {
    word-spacing: 30px;
}
```

30px 추가합니다.

현재 문자 크기를 1로 한 만큼 추가합니다.

letter-spacing으로 지정한 값이 표준 문자 간격에 추가됩니다.

실행 결과

Hello CSS

H□e□l□l□o

Hello□□CSS

word-spacing으로 지정한 값이 표준 단어 간격에 추가됩니다.

%로 지정하는 방법도 검토되고 있지만, 이 책의 집필 시점에서 현재는 지원하는 웹브라우저가 적은 듯합니다.

텍스트를 꾸민다

텍스트에 선이나 그림자를 추가하는 속성으로는 주로 다음과 같은 것이 사용됩니다.

≫ 텍스트에 선을 추가하는 속성

텍스트에 선을 추가할 수 있습니다. 지정할 수 있는 선은 다음과 같습니다.

속성	의미
`text-decoration-line`	텍스트에 선을 추가해서 표시할 수 있습니다. 스페이스로 구분해 복수의 값을 동시에 지정할 수 있습니다.

`none` 초기값	선 없음	Happy
`underline`	밑줄	Happy
`overline`	윗줄	Happy
`line-through`	가운데를 관통하는 선	H̶a̶p̶p̶y̶

≫ 텍스트에 그림자를 추가하는 속성

`text-shadow` 속성으로 텍스트에 그림자 효과를 추가할 수 있습니다. 값으로는 2개 또는 3개의 길이와 그림자의 색상을 각각 스페이스로 구분해서 지정합니다.

속성	의미
`text-shadow`	텍스트에 선을 추가해서 표시할 수 있습니다. 스페이스로 구분해 복수의 값을 동시에 지정할 수 있습니다.

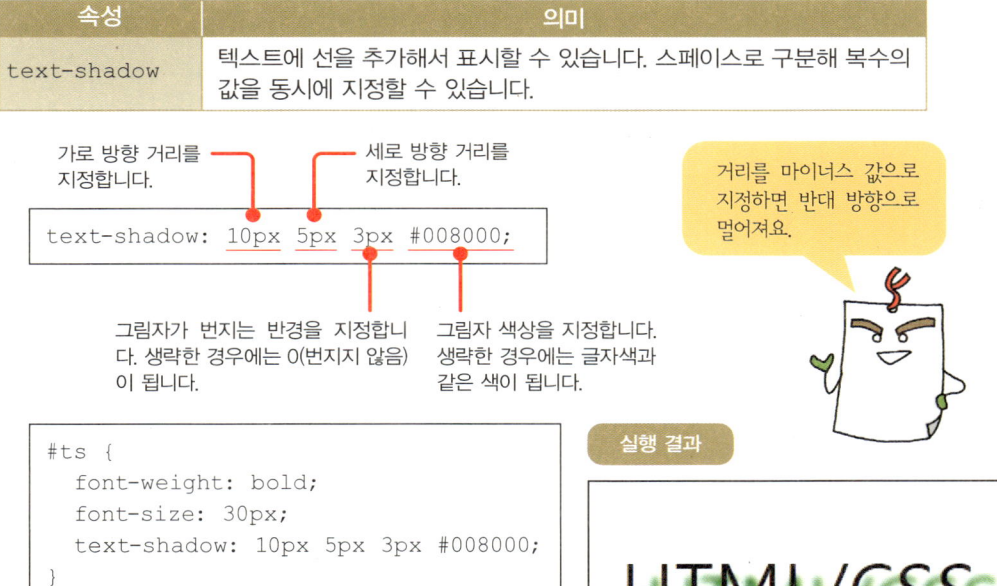

```
#ts {
  font-weight: bold;
  font-size: 30px;
  text-shadow: 10px 5px 3px #008000;
}
```

글꼴에 관한 속성

글자색 및 글꼴 굵기나 종류 등을 변경해 봅시다.

글자색을 지정하는 속성

글자색은 **color** 속성으로 지정합니다. 지정하지 않는 경우(초깃값)의 색은 웹브라우저에 따라 다릅니다.

```
body {
    color: blue;
}
```

웹페이지의 글자색을 파란색으로 지정합니다.

> 색을 지정하는 방법은 90페이지를 참조하세요.

글꼴을 기울이는 속성

font-style 속성으로 글꼴을 기울일 수 있습니다. 값으로는 표준(normal), 이탤릭체(italic), 기울기(oblique)를 지정합니다. 지정하지 않은 경우(초깃값)의 스타일은 normal입니다.

```
.book {
    font-style: italic;
}
```

> 이탤릭체가 준비되지 않은 경우, 똑같이 기울여서 표시되는 경우가 많습니다.

`class="book"`으로 지정된 요소는 이탤릭체를 사용합니다.

글꼴의 굵기를 지정하는 속성

글꼴의 굵기는 **font-weight** 속성으로 지정합니다. 지정할 수 있는 값은 다음과 같습니다.

100, 200, …900	값이 클수록 두껍다.
normal 초깃값	표준(=400)
bold	굵기(=700)
bolder	원래 굵기보다 굵게
lighter	원래 굵기보다 가늘게

> bolder, lighter의 기준은 현재 글꼴의 굵기입니다.

글꼴 크기를 지정하는 속성

글꼴 크기는 **font-size** 속성으로 지정합니다. px나 % 등의 단위(91페이지)뿐만 아니라 다음과 같은 키워드로도 지정할 수 있습니다.

xx-small, x-small, small, medium (초깃값), large, x-large, xx-large	작은 사이즈부터 순서대로 나열했습니다.
larger, smaller	부모 요소 글꼴 크기보다 크게, 작게

글꼴의 종류를 지정하는 속성

글꼴의 종류는 **font-family** 속성으로 지정합니다. 글꼴 이름이나 '제네릭 패밀리'라고 불리는 다음과 같은 키워드로 지정합니다. 여러 개의 글꼴 후보를 쉼표(,)로 구분해서 지정할 수 있습니다. 그런 경우에는 우선 순위가 높은 쪽부터 나열합니다.

	(글꼴 이름)	"맑은 고딕" 등
제네릭 패밀리 이름	serif	명조
	sans-serif	고딕
	cursive	손글씨 스타일 장식 글꼴
	fantasy	제목 스타일 장식 글꼴
	monospace	자간이 일정한 글꼴

글꼴 이름에 공백이 포함되는 경우에는 `" "`이나 `' '`로 감싸 줍니다.

제네릭 패밀리의 이름은 되도록 지정합시다. 글꼴 후보의 마지막에 기술합니다.

예

HTML
```
<body>
<p> 글자색은 blue(#0000ff)</p>
<p id="myfont"> 글꼴의 겉모습을 바꾼다.</p>
</body>
```

CSS
```
body {
   color: #0000ff;
}
#myfont {
   font-style: italic;
   font-weight: bold;
   font-size: 120%;
   font-family: "명조", serif;
}
```

실행 결과

글자색은 blue(#0000ff)

글꼴의 겉모습을 바꾼다.

박스 모델

CSS로 디자인을 지정하는 경우, '박스 모델'이라는 개념이 중요합니다.

박스 모델

CSS에서 중요한 개념으로 **박스 모델**이라는 것이 있습니다. HTML로 마크업한 모든 요소는 다음과 같은 네모난 형태의 **박스**라는 틀을 갖고 있고 이 영역에 크기와 색, 위치를 지정합니다.

패딩(padding)
내용이 표시되는 부분과 테두리(border) 사이의 여백 영역입니다. 요소에 지정한 배경색이나 배경 이미지는 이 부분에도 적용됩니다.

내용 영역
텍스트나 이미지 등 요소의 내용이 표시되는 영역입니다.

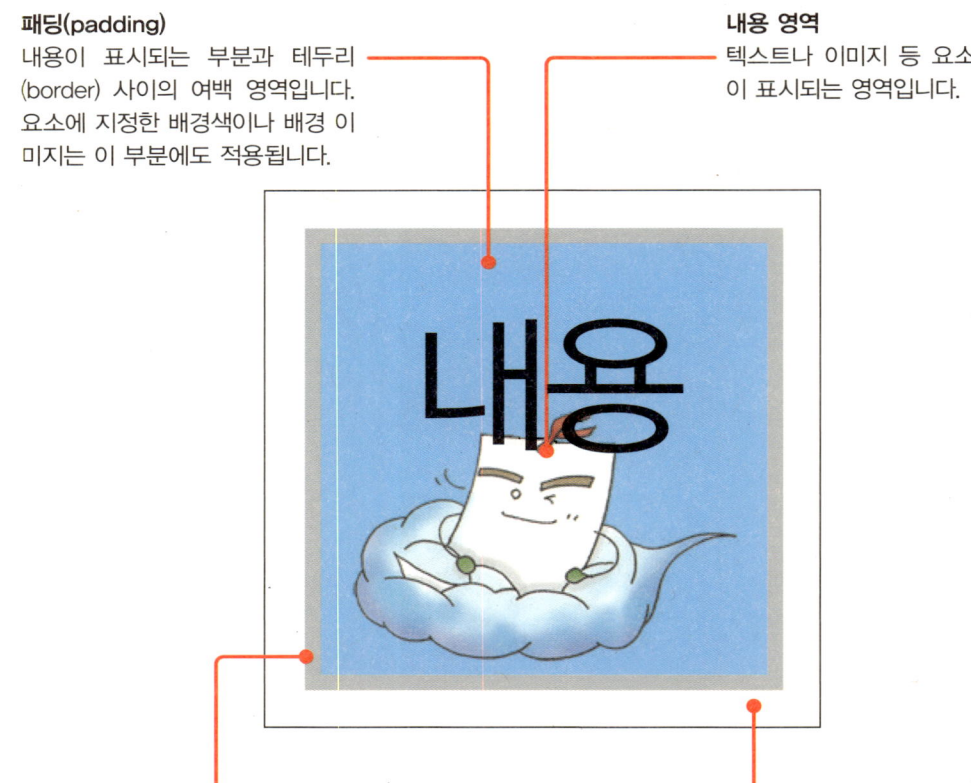

테두리(border)
요소 주변에 표시되는 테두리 선으로 패딩 바깥 쪽에 표시됩니다. 요소에 지정한 배경색이나 배경 이미지는 이 부분에도 적용됩니다.

마진(margin)
테두리 바깥 쪽에 설정되는 여백 영역입니다. 요소에 지정한 배경색이나 배경 이미지는 이 부분에 적용되지 않으므로 배경은 항상 투명입니다.

≫ 배경색과 배경 이미지의 관계

왼쪽 페이지의 박스 모델과 배경색 및 배경 이미지의 관계를 나타내면 다음과 같습니다.

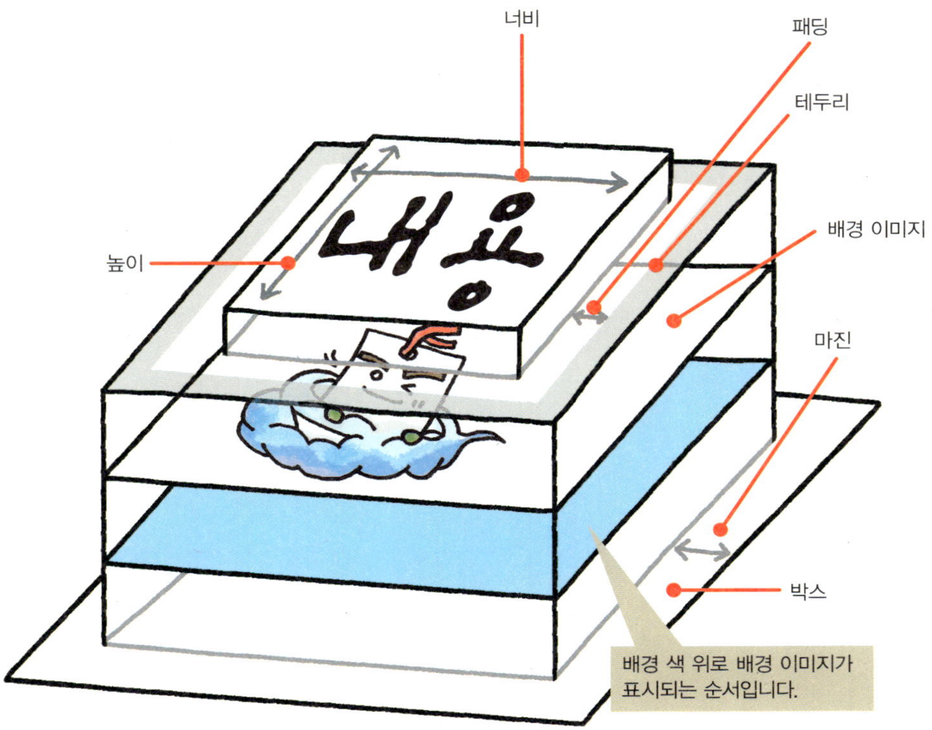

- 너비
- 패딩
- 테두리
- 배경 이미지
- 높이
- 마진
- 박스

배경 색 위로 배경 이미지가 표시되는 순서입니다.

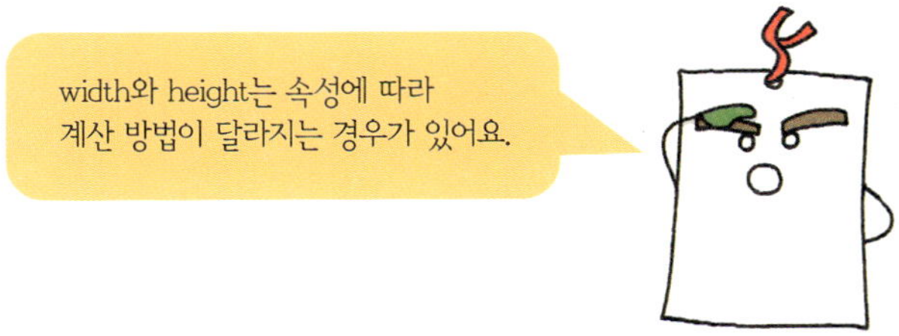

width와 height는 속성에 따라 계산 방법이 달라지는 경우가 있어요.

박스 모델   103

박스에 관한 속성 (1)

박스의 너비와 높이, 마진, 패딩이라는 여백 영역 지정 방법을 알아봅시다.

🔒 내용 영역의 너비와 높이

실제로 텍스트나 이미지가 표시되는 내용 영역의 크기는 다음 속성으로 지정합니다.

속성	의미	값
width	내용 영역의 너비를 지정합니다.	px, % 등의 단위, auto `초깃값`
height	내용 영역의 높이를 지정합니다.	px, % 등의 단위, auto `초깃값`

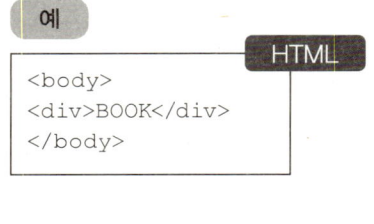

HTML
```
<body>
<div>BOOK</div>
</body>
```

CSS
```
div {
  width: 150px;
  height: 100px;
  background-color: #d3d3d3;
  font-size: 24px;
  font-family: Impact, sans-serif;
}
```

실행 결과

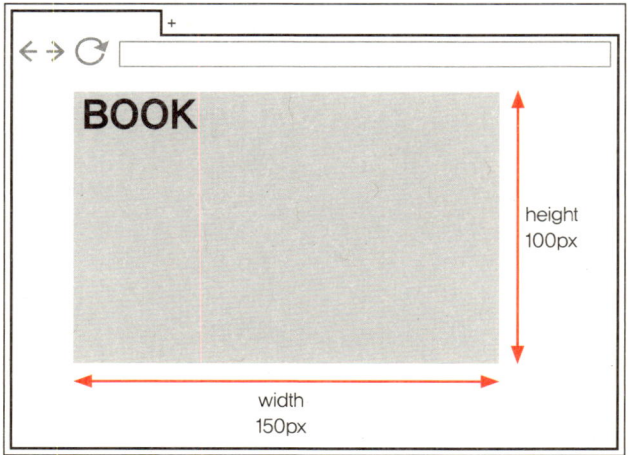

마진과 패딩

마진과 패딩에 관한 설정을 한 번에 지정하는 속성을 소개합니다. 값을 하나만 지정하면 박스 상하좌우에 같은 값이 지정됩니다. 스페이스로 구분해 값을 4개 나열하면 '위, 오른쪽, 아래, 왼쪽' 순으로 지정됩니다.

속성	의미	값
margin	마진 너비를 지정합니다.	px, % 등의 단위, auto(자동 조정) 초깃값은 0
padding	마진 너비를 지정합니다.	px, % 등의 단위, auto(자동 조정)

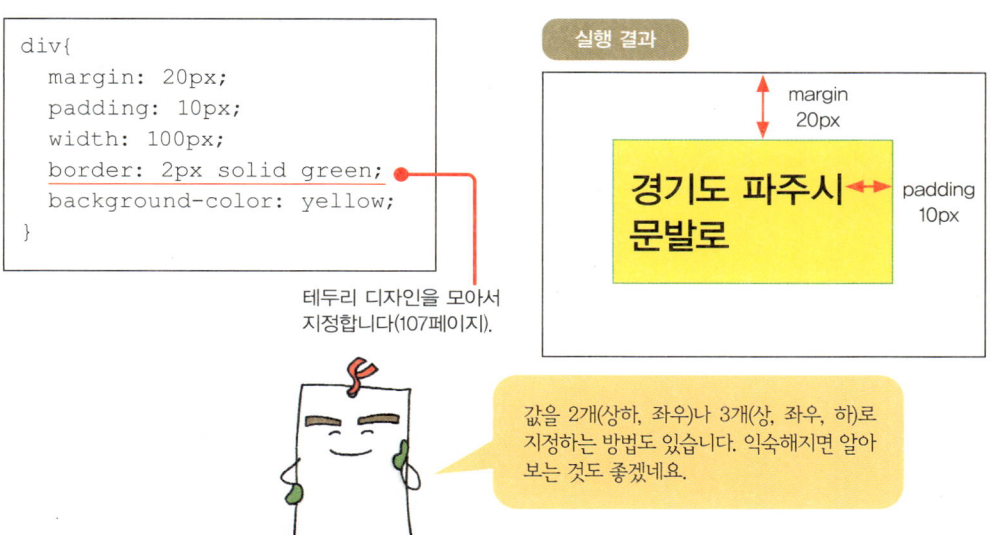

```
div{
  margin: 20px;
  padding: 10px;
  width: 100px;
  border: 2px solid green;
  background-color: yellow;
}
```

테두리 디자인을 모아서 지정합니다(107페이지).

값을 2개(상하, 좌우)나 3개(상, 좌우, 하)로 지정하는 방법도 있습니다. 익숙해지면 알아보는 것도 좋겠네요.

≫ 개별 지정 방법

위 속성은 별개의 속성을 이용해 네 변을 각각 지정할 수도 있습니다.

일괄 지정	개별 지정 속성
margin	margin-top (위), margin-right (오른쪽), margin-bottom (아래), margin-left (왼쪽)
padding	padding-top (위), padding-right (오른쪽), padding-bottom (아래), padding-left (왼쪽)

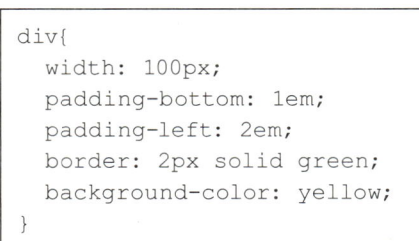

```
div{
  width: 100px;
  padding-bottom: 1em;
  padding-left: 2em;
  border: 2px solid green;
  background-color: yellow;
}
```

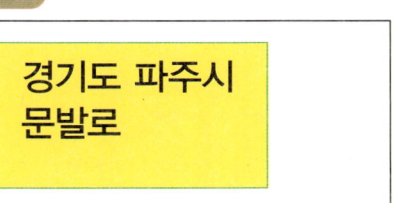

박스에 관한 속성 (2)

테두리 선도 변경할 수 있습니다. 한 번에 지정하는 방법과 개별적으로 지정하는 방법이 있습니다.

테두리

테두리(58페이지)에 관한 설정을 한 번에 지정하는 속성을 소개합니다. 값을 하나만 지정하면 박스의 상하좌우가 함께 지정됩니다. 스페이스로 구분해 값을 4개 나열하면 각각 '위, 오른쪽, 아래, 왼쪽' 순으로 지정됩니다.

속성	의미	값
border-width	테두리 너비	단위로 thin(가늘게), medium(중간) 초깃값, thick(굵게), px 등을 사용
border-style	테두리 종류	none 비표시 초깃값 double 이중선 hidden 비표시 groove 들어간 선 dotted 점선 ridge 튀어나온 선 dashed 파선 inset 안쪽 전체가 들어간 선 solid 실선 outset 안쪽 전체가 튀어나온 선
border-color	테두리 색상	색을 지정하거나 transparent(투명)을 지정합니다.

예

HTML
```
<body>
<div>BOOK</div>
</body>
```

CSS
```
div{
    width: 100px;
    padding: 1em;
    border-width: 6px;
    border-style: double dotted solid dashed;
    border-color: crimson;
}
```

테두리의 종류를 위, 오른쪽, 아래, 왼쪽 순으로 지정합니다.

실행 결과

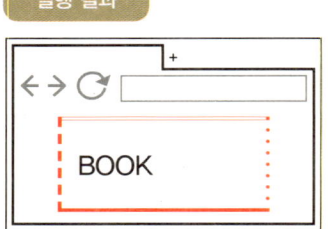

≫ 개별 지정 방법

왼쪽 페이지에서 소개한 속성은 각각 별개의 속성을 이용해 네 변을 지정할 수 있습니다.

일괄 지정	개별 지정 속성
border-width	border-top-width, border-right-width, border-bottom-width, border-left-width
border-color	border-top-color, border-right-color, border-bottom-color, border-left-color
border-style	border-top-style, border-right-style, border-bottom-style, border-left-style

≫ 테두리 속성 일괄 지정

테두리의 각종 속성은 **border** 속성으로 한 번에 지정할 수 있습니다. 각 값을 스페이스로 구분해 임의 순서로 나열합니다.

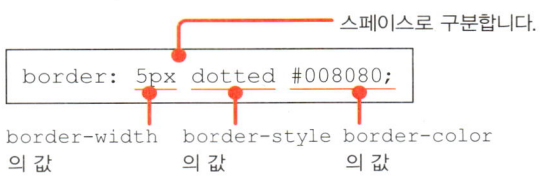

예

```
<body>
<div>BOOK</div>
</body>
```

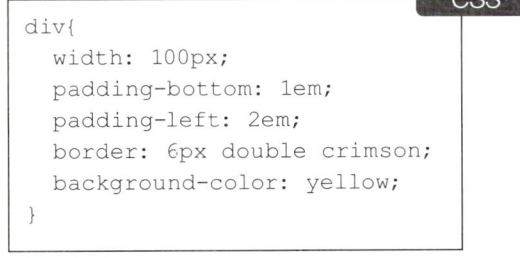

```
div{
  width: 100px;
  padding-bottom: 1em;
  padding-left: 2em;
  border: 6px double crimson;
  background-color: yellow;
}
```

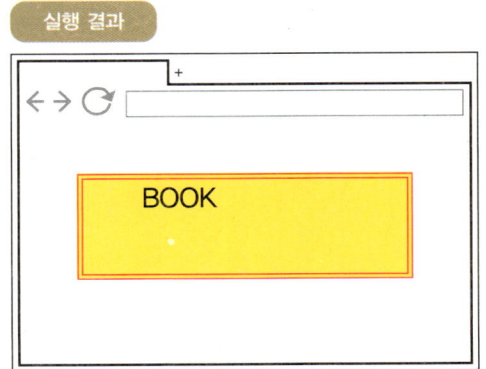

박스에 관한 속성 (3)

박스와 관련된 속성에서는 더 실용적이고 더 장식적 효과가 뛰어난 설정할 수 있습니다. 예를 들어 보겠습니다.

크기를 변경할 수 있는 박스

resize 속성을 사용하면 크기를 조정할 수 있는 박스를 만들 수 있습니다. 지정할 수 있는 값은 다음과 같습니다.

none `초깃값`	크기를 변경할 수 없습니다.
both	너비와 높이를 변경할 수 있습니다.
horizontal	너비만 변경할 수 있습니다.
vertical	높이만 변경할 수 있습니다.

예

HTML
```
<body>
<div class="myResize">BOOK</div>
</body>
```

CSS
```
.myResize {
  width: 100px;
  height: 40px;
  border: 2px solid black;
  resize: both;
}
```

실행 결과

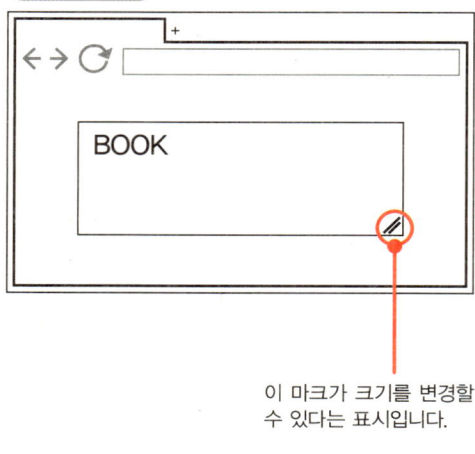

이 마크가 크기를 변경할 수 있다는 표시입니다.

우측 하단의 표시를 드래그하면 박스 크기를 변경할 수 있어요.

모서리를 둥글게 만든다

border-radius 속성으로 테두리의 모서리를 둥글게 만들 수 있습니다. 모서리를 어느 정도 둥글게 할 것인지 모서리에 내접하는 원의 반지름으로 값을 지정합니다. 여러 가지 지정 방법이 있지만, 이 책에서는 기본 지정 방법을 소개합니다.

일괄 지정	개별 지정 속성	값
border-radius	border-top-left-radius (왼쪽 위) border-top-right-radius (오른쪽 위) border-bottom-right-radius (오른쪽 아래) border-bottom-left-radius (왼쪽 아래)	단위는 px, % 등 초깃값은 0

border-top-left-radius:30px 의 경우

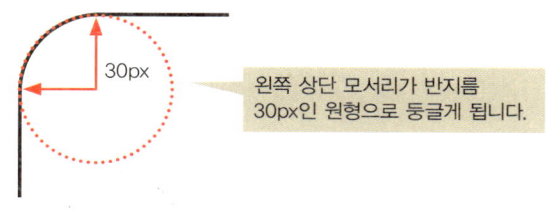

왼쪽 상단 모서리가 반지름 30px인 원형으로 둥글게 됩니다.

예

HTML
```
<div class="sampleRadius"></div>
```

CSS
```
.sampleRadius{
  width: 200px;
  height: 100px;
  border: 2px solid black;
  border-top-left-radius: 20px;
  border-bottom-right-radius: 50px;
}
```

박스에 배경색이나 이미지가 지정된 경우에는 테두리 곡선을 따라 잘려집니다.

실행 결과

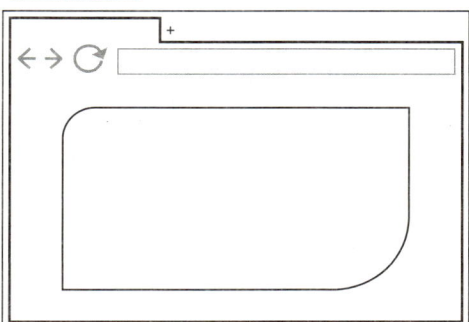

배경에 관한 속성 (1)

배경에 색을 칠하거나 이미지를 사용하고 싶을 때도 있습니다. 이때 지정하는 속성을 소개합니다.

배경색을 지정하는 속성

요소의 배경색은 **background-color** 속성으로 지정합니다. 이 속성으로 지정한 색은 박스의 내용 영역, 패딩 영역, 테두리 영역에 적용됩니다.

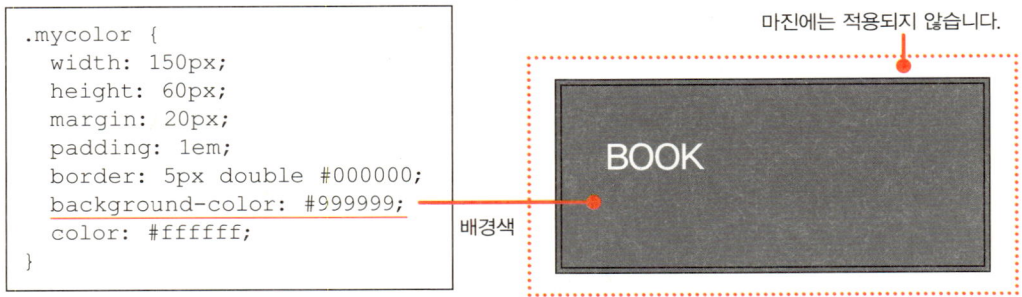

마진에는 적용되지 않습니다.

배경색

배경 이미지를 지정한다 (1)

배경 이미지를 지정하는 기본적인 속성은 다음과 같은 것이 있습니다. 이들 속성으로 지정한 배경 이미지는 박스의 내용 영역, 패딩 영역, 테두리 영역에 적용됩니다.

≫ 배경 이미지를 지정하는 속성

배경 이미지는 **background-image** 속성으로 지정합니다. 이 속성이 배경 이미지에 관한 지정의 기본 속성입니다.

```
.myBg {
  background-image: url("wall.png")
}
```

http/https로 시작되는 절대 URL이나 CSS 파일을 기준으로 한 상대 URL로 지정합니다. 초깃값은 none입니다.

≫ 배경 이미지를 반복하는 속성

background-repeat 속성으로 배경 이미지를 어떻게 반복할지 지정할 수 있습니다.

repeat 초깃값	가로 또는 세로로 반복합니다.	space	반복합니다(이미지 사이에 스페이스를 넣어 조정).
repeat-x	가로로 반복합니다.	round	반복합니다(이미지를 확대 축소해서 조정).
repeat-y	세로로 반복합니다.	no-repeat	반복하지 않습니다.

≫ 배경 이미지를 고정하는 속성

배경 이미지를 고정하려면 **background-attachment** 속성으로 지정합니다.

scroll 초깃값	문서와 함께 스크롤
fixed	웹브라우저 화면에 고정

≫ 배경 이미지의 위치를 지정하는 속성

배경 이미지 표시 위치는 **background-position** 속성으로 지정합니다. 각 변에서의 거리로 지정하는 방법도 있지만, 여기서는 박스 왼쪽 상단 모서리를 기점으로 해서 세로 및 가로 위치를 지정하는 방법을 소개합니다.

left	왼쪽으로
right	오른쪽으로
center	가운데로

top	위쪽으로
bottom	아래쪽으로
px, % 등의 단위	위치를 수치나 비율로 지정

예

HTML
```
<div>test</div>
```

CSS
```
body {
  background-image: url("wall.png");
  background-repeat: no-repeat;
  background-attachment: scroll;
  background-position: left top;
}
```

- `no-repeat` — 배경 이미지를 반복하지 않습니다.
- `scroll` — 문서와 함께 스크롤합니다.
- `left top` — 가로 방향, 세로 방향의 위치를 스페이스로 구분해서 차례대로 지정합니다. 값이 하나뿐일 때는 가로 방향 값, 세로 방향 값은 'center'가 됩니다.

배경색과 배경 이미지의 관계는 103쪽 그림을 참고하세요.

실행 결과

배경에 관한 속성 (2)

배경 이미지와 관련해 CSS3에서 새로 추가된 스타일을 살펴봅시다. 더욱 세밀하게 배경 이미지 배치를 지정할 수 있게 됐습니다.

배경 이미지를 지정한다 (2)

다음과 같은 속성에서 배경 화면의 표시 방법을 상세하게 지정할 수 있습니다.

≫ 배경 이미지가 표시되는 위치를 지정하는 속성

background-origin 속성으로 배경 이미지 표시하는 기준 위치를 지정할 수 있습니다.

border-box	테두리 영역 좌측 상단을 기준으로 이미지를 표시합니다.	
padding-box 	패딩 영역 좌측 상단을 기준으로 이미지를 표시합니다.	
content-box	내용 영역 좌측 상단을 기준으로 이미지를 표시합니다.	

≫ 배경 이미지 표시 범위를 지정하는 속성

배경 이미지는 보통 테두리 영역 안쪽으로 배치되는데 background-clip 속성은 배경 이미지의 어느 범위를 표시할 것인지를 지정할 수 있습니다.

border-box 초깃값	테두리 영역에서 안쪽을 표시합니다.	
padding-box	패딩 영역에서 안쪽을 표시합니다.	
content-box	내용 영역의 배경만 표시합니다.	

≫ 배경 이미지의 크기를 지정한다

background-size 속성으로 배경 이미지 크기를 지정할 수 있습니다. 다음 값에 따라 확대 및 축소돼 표시됩니다.

contain	이미지 종횡비를 유지한 채 영역에 이미지 전체가 들어가도록 표시합니다.	
cover	이미지 종횡비를 유지한 채 그 이미지 하나로 영역을 덮듯이 표시합니다.	
px, % 등의 단위	수치나 비율로 지정한 크기로 표시합니다.	
auto `초깃값`	원본 크기로 표시합니다.	

px나 % 등의 단위나 auto는 이미지의 너비와 높이를 스페이스로 구분해서 지정합니다. 값을 하나만 지정한 경우에는 너비를 지정한 것이 되고 높이는 'auto'로 설정됩니다.

```
background-size: 50% 50%;
```
스페이스로 구분합니다.
너비를 지정 / 높이를 지정

이 예제 코드는 영역 크기에 대해 너비와 높이를 모두 50%가 되도록 지정했습니다.

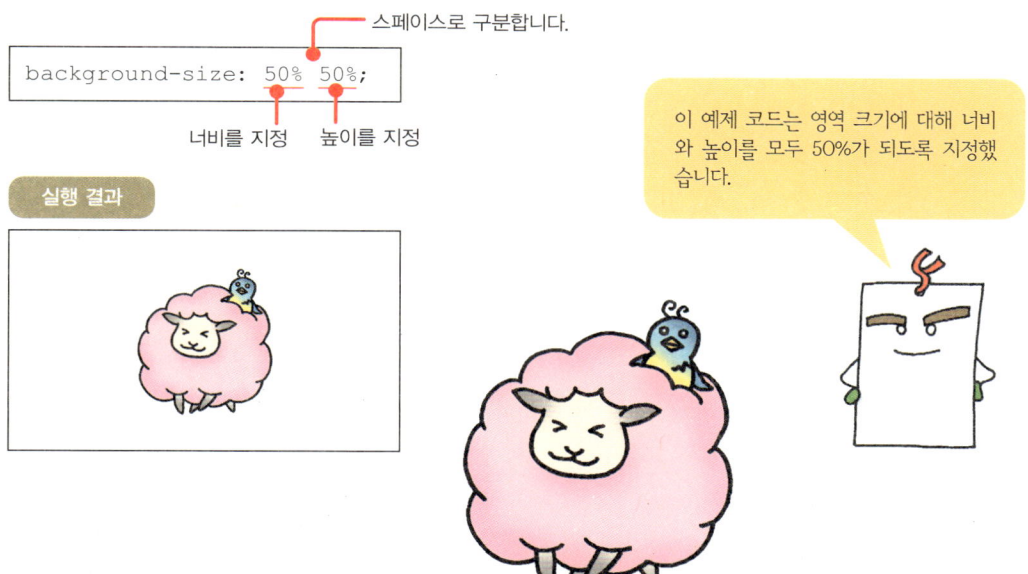

실행 결과

원본 이미지

배경에 관한 속성 (2) 113

표시와 배치 (1)

텍스트와 이미지 등의 레이아웃에 관한 속성을 소개합니다.

표시 방식을 지정하는 속성

`display` 속성으로 요소의 박스 종류를 지정할 수 있습니다. 많은 값이 준비돼 있으므로 중요한 것만 뽑아 소개하겠습니다.

값	의미	표시
`inline` 초깃값	인라인 요소	
`block`	블록 요소	
`inline-block`	인라인 요소처럼 배치되는 블록 요소	
`list-item`	리스트 요소	
`none`	비표시	

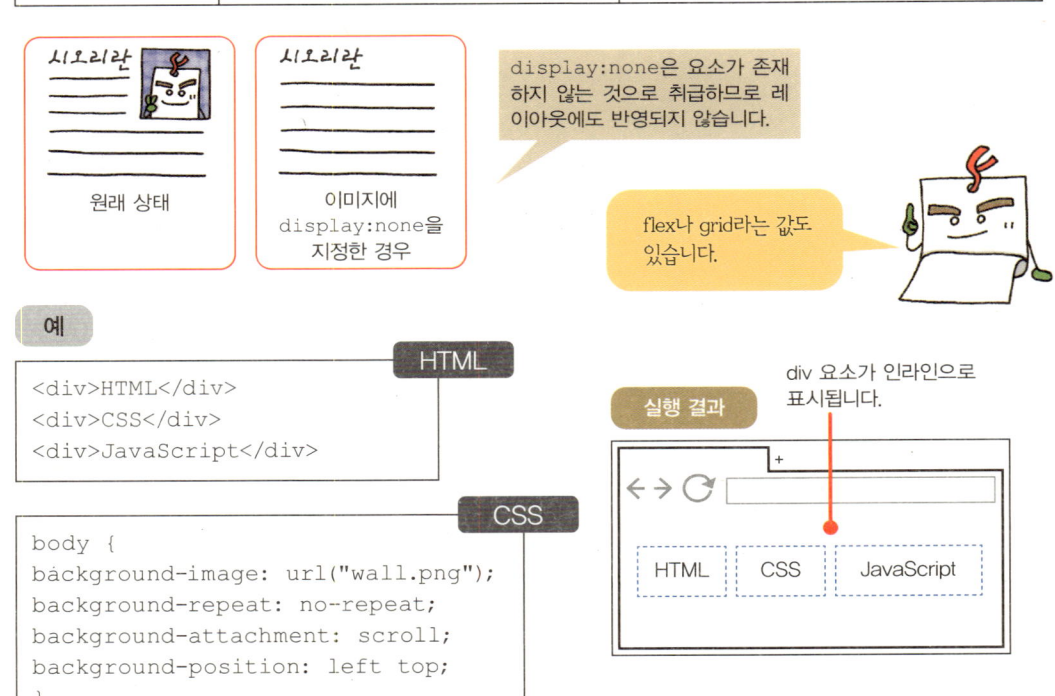

display:none은 요소가 존재하지 않는 것으로 취급하므로 레이아웃에도 반영되지 않습니다.

flex나 grid라는 값도 있습니다.

예

HTML
```
<div>HTML</div>
<div>CSS</div>
<div>JavaScript</div>
```

CSS
```
body {
background-image: url("wall.png");
background-repeat: no-repeat;
background-attachment: scroll;
background-position: left top;
}
```

실행 결과

div 요소가 인라인으로 표시됩니다.

레이아웃을 지정하는 속성

요소의 위치는 다음과 같은 속성과 값을 조합해서 지정합니다.

속성	의미	값	
position	요소의 박스 배치 방법을 지정합니다.	static	일반 배치 `초깃값`
		relative	일반 배치를 기준으로 상대 위치로 배치
		absolute	이 요소를 포함하는 블록 내의 절대 위치로 배치
		fixed	창 내부의 절대 위치로 배치

우선은 배치 방법을 결정하고 그에 따라 위치를 지정합니다.

속성	의미	값
top, bottom left, right	기본 박스에서 위치를 지정할 요소의 박스 마진까지의 거리를 지정합니다. top(위), bottom(아래), left(왼쪽), right(오른쪽)입니다.	px, % 등의 단위 auto `초깃값`

예

```html
<div id="static">A(static)</div>
<div id="relative">B(relative)</div>
```
HTML

```css
body {
  margin: 0px;
}
div {
  width: 100px;
  height: 100px;
  margin: 0px;
  color: white;
}
#static {
  position: static;
  top: 0px;
  left: 50px;
  background-color: crimson;
}
#relative {
  position: relative;
  top: 0px;
  left: 50px;
  background-color: orange;
}
```
CSS

static을 지정하면 위치 지정은 적용되지 않습니다.

실행 결과

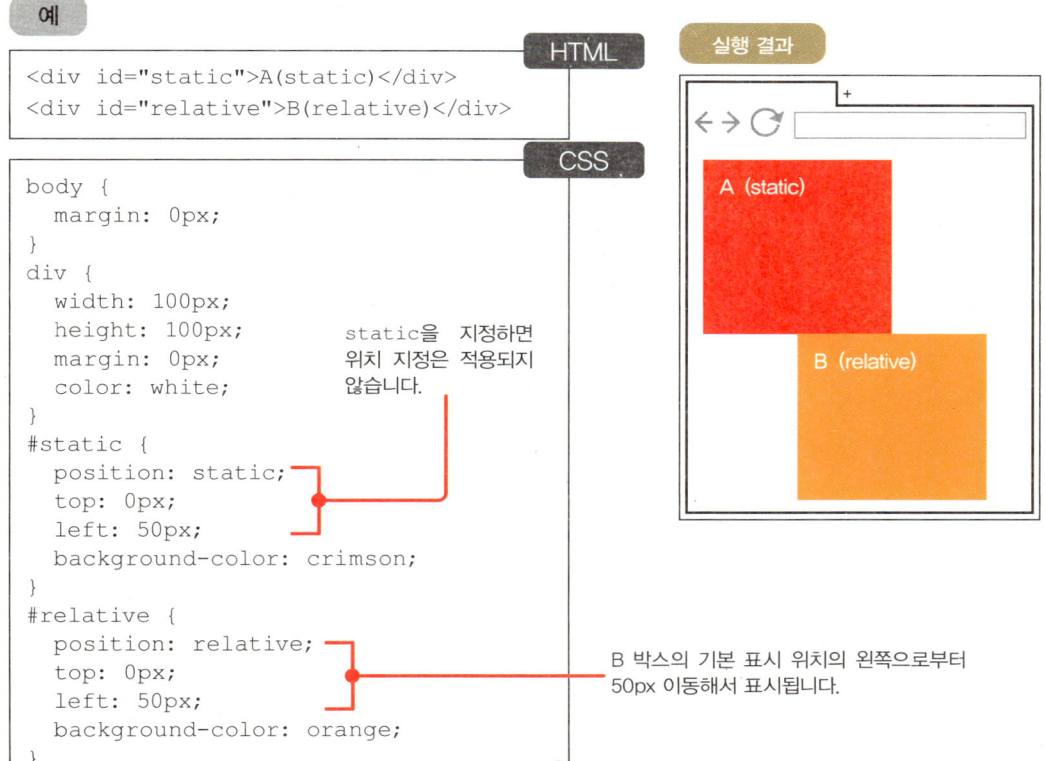

B 박스의 기본 표시 위치의 왼쪽으로부터 50px 이동해서 표시됩니다.

표시와 배치 (2)

박스가 겹쳤을 때 표시 순서를 변경하거나 배치 위치를 지정합니다.

요소가 겹쳐지는 순서

요소의 박스가 겹쳐지는 경우, 보통은 나중에 기술된 요소일수록 더 앞쪽에 표시됩니다. **z-index** 속성을 지정하면 이 순서를 변경할 수 있습니다. 값은 **정수**로 지정합니다.

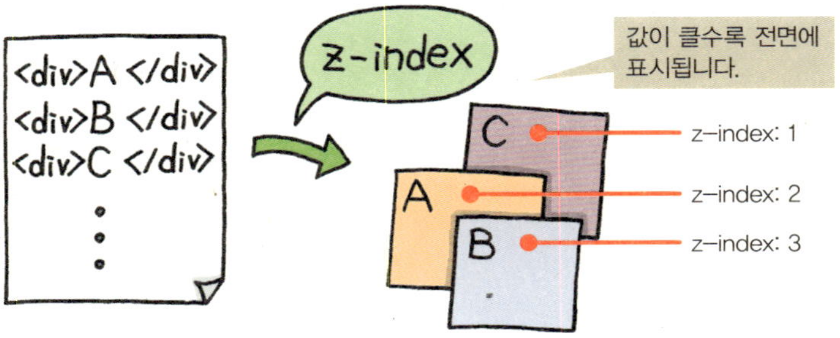

값이 클수록 전면에 표시됩니다.

- z-index: 1
- z-index: 2
- z-index: 3

초깃값은 기술한 순서대로 표시되는 auto입니다.

예

HTML
```html
<div id="sample1">z-index: 2</div>
<div id="sample2">z-index: 1</div>
```

CSS
```css
div {
  position: absolute;
  width: 100px;
  height: 100px;
  color: white;
}
#sample1 {
  top: 10px;
  left: 20px;
  z-index: 2;
  background-color: crimson;
}
#sample2 {
  top: 50px;
  left: 100px;
  z-index: 1;
  background-color: orange;
}
```

z-index 속성을 활성화하기 위해 position 속성의 값에 'static' 이외의 값을 지정합니다.

실행 결과

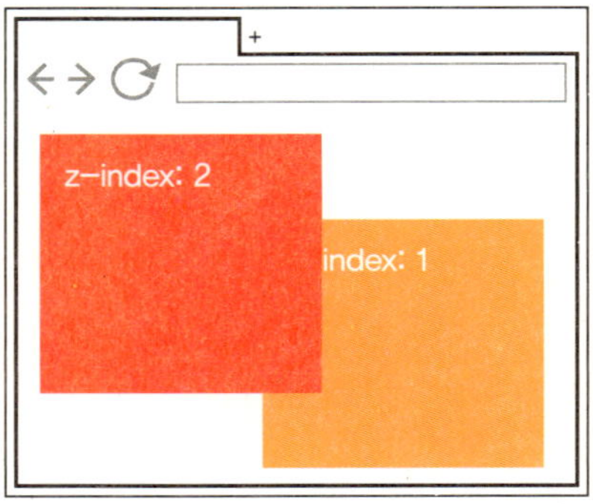

z-index: 2
z-index: 1

요소 위에 떠 있는 배치

float 속성으로 요소를 떠 있게 배치하고 clear 속성으로 떠 있는 배치를 해제합니다.

속성	의미	값	
float	float 속성을 지정합니다.	left	왼쪽으로 정렬하고 뒤에 이어지는 요소는 그 오른쪽에 배치합니다.
		righ	오른쪽으로 정렬하고 뒤에 이어지는 요소는 그 왼쪽에 배치합니다.
		none `초깃값`	어느 쪽으로도 배치하지 않습니다.
clear	float 속성을 해제합니다.	left	왼쪽에 정렬된 요소에 대한 float 속성을 해제합니다.
		right	오른쪽에 정렬된 요소에 대한 float 속성을 해제합니다.
		both	좌우 양쪽 요소에 대한 float 속성을 해제합니다.
		none `초깃값`	float 속성을 해제하지 않습니다.

예

HTML

```
<p>
<img src="algorithm.png" alt="알고리즘이 보이는 그림책 표지">
학생들에게 신설된 코딩 수업이나 정보 또는 AI 수업을 시작할 때 무엇부터 가르쳐야 할까요? 아마
사고나 논리의 체계를 세운 뒤 프로그래밍으로 들어가는 방법을 가르쳐야 할 것입니다. 프로그래머나
프로그래밍 언어를 익혀서 실제로 코드를 작성할 때도 마찬가지입니다.
<p>
<p class="clear">
이처럼 중요한 프로그래밍의 기초이자 사고와 논리의 뼈대에 해당하는 알고리즘의 기본, 개념, 순서도,
프로그래밍의 흐름을 이 책에서는 서장(0장)에서 먼저 잡아줍니다. 1장에서 8장까지 본문에서는 알고
리즘의 기초부터 고급 알고리즘, C언어 문법부터 고급 프로그래밍까지 한 단계씩 나아갈 수 있습니다.
<p>
```

CSS

```
img {
  float: right;
  margin: 0 0 10px 10px;
}
.clear {
  clear: right;
}
```

실행 결과

float: right를 지정한 이미지

clear: right를 지정한 문장

리스트와 테이블

기본적인 리스트와 테이블은 HTML로 만들 수 있지만, CSS를 사용하면 모양을 바꿔 더 보기 편하게 만들 수도 있습니다.

🔓 리스트의 기호 설정

리스트 앞에 붙는 기호의 종류나 이미지를 지정할 수 있습니다.

≫ 기호의 종류를 지정하는 속성

List-style-type 속성으로 리스트 앞에 붙는 기호의 종류를 지정할 수 있습니다. 값이 많이 준비돼 있으므로 중요한 것만 추려서 소개하겠습니다.

값	의미
none	기호 없음.
disc	검은색 원(●)
circle	흰색 원(○)
square	검은색 네모(■)
decimal	숫자(1, 2, 3, …)
decimal-leading-zero	앞에 0을 붙인 숫자 (01, 02, 03, …)
cjk-ideographic	한자 숫자(一, 二, 三, …)

값	의미
lower-roman	소문자 로마 숫자 (i, ii, iii, …)
upper-roman	대문자 로마 숫자 (I, II, III, …)
lower-greek	소문자 그리스 문자 (α, β, γ, …)
lower-alpha lower-latin	소문자 알파벳 (a, b, c, …)
upper-alpha upper-latin	대문자 알파벳 (A, B, C, …)
hangul hangul-consonant; korean-hangul-formal	한글(가, 나, 다, …) 한글(ㄱ, ㄴ, ㄷ, …) 한글 숫자(일, 이, 삼, …)

≫ 기호에 이미지를 지정하는 속성

리스트 기호에 이미지를 이용하려면 **list-style-image** 속성을 사용합니다.

```css
ul {
  list-style-type: square;
  list-style-image: url("ball.png");
}
#sample{
  list-style-image: none;
}
```

http/https로 시작되는 URL이나 CSS 파일을 기준으로 한 상대 URL을 지정합니다. 초깃값은 none입니다.

`list-style-type`과 `list-style-image`가 동시에 지정된 경우에는 `list-style-image`가 우선됩니다.

```html
<ul>
  <li>HTML</li>
  <li>CSS</li>
  <li id="sample">JavaScript</li>
</ul>
```

실행 결과
- ● HTML
- ● CSS
- ■ JavaScript

테이블 설정

테이블에서 이웃한 셀의 테두리선 간격과 캡션의 위치를 지정해 봅시다.

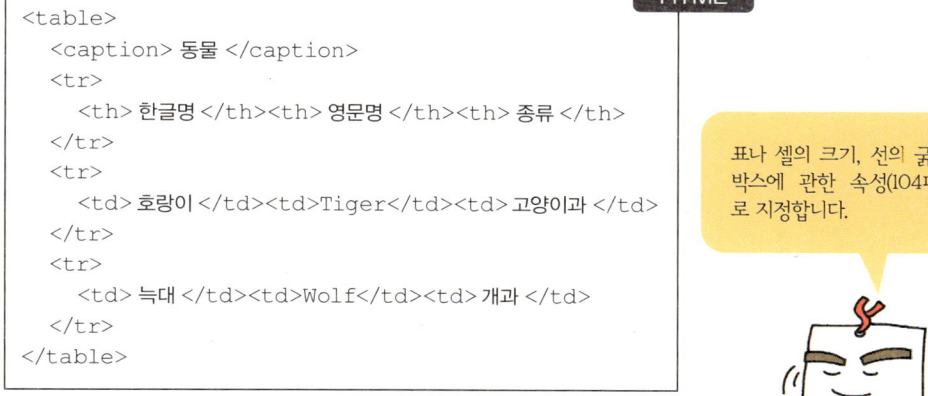

속성	의미	값	
border-collapse	셀의 테두리선을 중첩할 것인지 지정합니다.	collapse separate `초깃값`	중첩해서 표시 간격을 벌려서 표시
border-spacing	테두리선과 테두리선 간격을 지정합니다.	px 단위로 지정한다(%는 불가). 초깃값은 0	
caption-side	캡션 위치를 지정합니다	top `초깃값` bottom	표 상단 표 하단

예

HTML
```
<table>
  <caption> 동물 </caption>
  <tr>
    <th> 한글명 </th><th> 영문명 </th><th> 종류 </th>
  </tr>
  <tr>
    <td> 호랑이 </td><td>Tiger</td><td> 고양이과 </td>
  </tr>
  <tr>
    <td> 늑대 </td><td>Wolf</td><td> 개과 </td>
  </tr>
</table>
```

CSS
```
table, td, th {
  border: 1px solid tomato;
  border-collapse: separate;
  border-spacing: 8px;
}
td, th {
  width: 80px;
}
caption {
  caption-side: bottom;
}
```

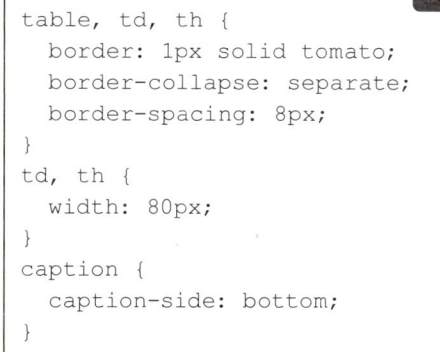

> 표나 셀의 크기, 선의 굵기, 색은 박스에 관한 속성(104페이지)으로 지정합니다.

실행 결과

 샘플 프로그램

● 5장에서 학습한 CSS를 이용해 간단한 웹페이지를 만들어 보겠습니다.

소스 코드　　　　　　　　　　　　　　　　　　　　　　　　　chap5sample.css

```css
@charset "UTF-8";

#container {
  width: 700px;
  margin-right: auto;
  margin-left: auto;
}
h2 {
  padding-right: 5px;
  padding-left: 5px;
  border-bottom: 2px solid #2965f1;
  border-left:10px solid #264de4;
}
#contents{
  color: #000000;
}
h3 {
  text-decoration: underline;
}
ul {
  list-style-type: square;
}
.codearea {
  padding: 0 10px 5px 10px;
  background-color: #ebebeb;
  line-height: 1.2em;
}
#ts_sample {
  color: #f0e68c;
  padding: 15px;
  font-size: 40px;
  font-family: Impact, sans-serif;
  text-shadow: 1px 1px 2px #000000, 0 0 15px #008080;
}
```

- `border-bottom`, `border-left` 부분: 5장에서는 소개하고 있지 않지만, 상하좌우의 테두리마다 폭, 종류, 색을 정리해 지정하는 방법입니다. 여기서는 아래쪽과 왼쪽을 지정하고 있습니다.
- `list-style-type: square;`: 리스트의 마크를 네모나게 합니다.
- `text-shadow`: 두 종류의 그림자 설정을 적용합니다.

chap5sample.html

```html
<!DOCTYPE html>
<html lang="ko">
<head>
   <meta charset="UTF-8">
   <title> 시오리와 배우는 CSS-텍스트 그림자 효과-</title>
   <link rel="stylesheet" href="chap5sample.css">
</head>
<body>
<div id="container">
<h1><img src="logo.jpg" alt="시오리와 배우는 CSS"></h1>
<div id="contents">
<h2>텍스트 그림자 효과</h2>
<p>텍스트에 그림자 효과를 주려면<b>text-shadow</b>속성을 사용합니다. …(중략)… 지정한 수치만큼  그림자가 생깁니다.</p>
<ul>
   <li>첫 번째 값 … 가로 방향 거리를 지정합니다./li>
      <li>두 번째 값 … 세로 방향 거리를 지정합니다.</li>
         <li>세 번째 값 … 그림자를 흐리게 할 반경을 지정합니다. 생략하면 0(흐리지 않음)이 됩니다.</li>
            <li>네 번째 값 … 색을 지정합니다. 생략하면 글자색과 같은 색으로 지정됩니다.</li>
</ul>
```

```
<h3>CSS</h3>
<div class="codearea"><pre><code>
#ts_sample {
  color: #f0e68c;
  padding: 15px;
  font-size: 40px;
  font-family: Impact, sans-serif;
  text-shadow: 1px 1px 2px #000000, 0 0 15px #008080;
</code></pre></div>
<h3>HTML</h3>
<div class="codearea"><pre><code>
&lt;div id="ts_sample"&gt;SHIORI&lt;/div&gt;
</code></pre></div>
<h3> 실행 결과 </h3>
<div id="ts_sample">SHIORI</div>
</div>
</div>
</body>
</html>
```

태그의 「<」나 「>」를 그대로 웹 브라우저에 표시하기 위해 각각 문자 참조로 기술하고 있습니다.

실행 결과

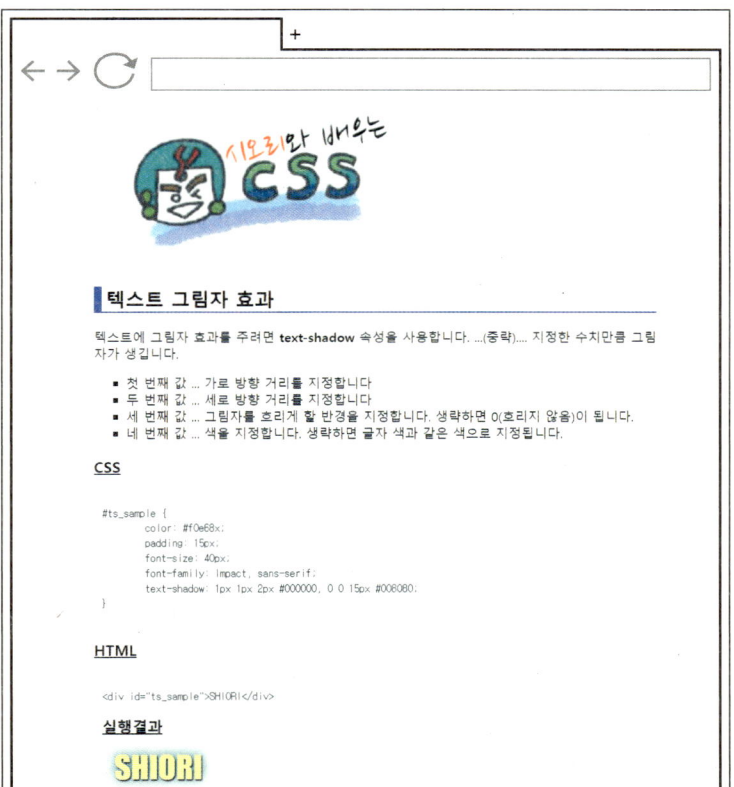

칼럼

～ 마진의 상쇄에 대해서 ～

마진(105페이지)은 박스 상하좌우에 설정할 수 있는데, 인접한 박스와의 마진은 어떻게 설정되는 것일까요?

위아래로 인접한 박스의 경우, 상쇄돼 큰 쪽의 마진으로 설정됩니다. 이때 다음과 같은 규칙이 있습니다.

- 양쪽 모두 양수 값인 경우에는 큰 값을 적용한다.
- 양수 값과 음수 값인 경우에는 양쪽을 더한 값을 적용한다.
- 양쪽 모두 음수인 경우에는 작은 값을 적용한다.

```
div {
  width: 200px;
  height: 100px;
  padding: 1em;
}
#box1 {
  margin-top: 30px;
  margin-bottom: 10px;
  background-color: #b0e0e6;
}
#box2 {
  margin-top: 50px;
  background-color: #ffc0cb;
}
```

좌우로 인접한 박스의 마진은 상쇄되지 않습니다.

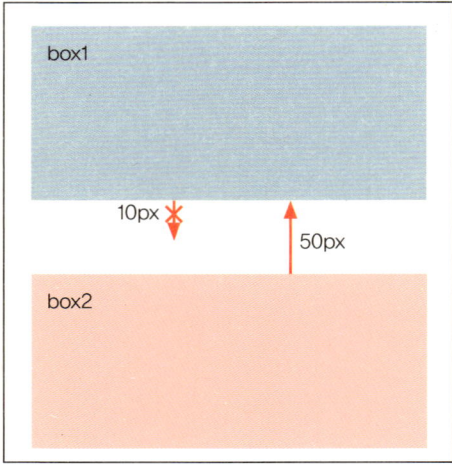

box2 상단 마진 값이 크므로 50px로 설정됩니다.

6
CSS의 속성 (2)

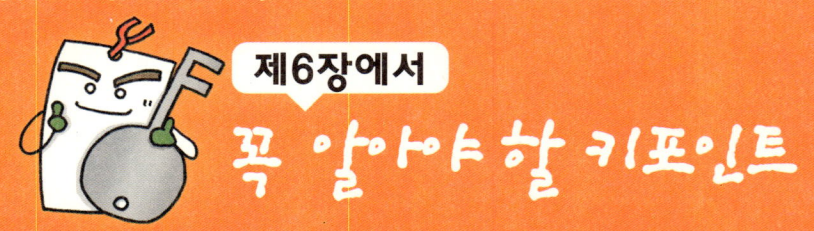

박스에 관해 더욱 유연해진 레이아웃

　5장에서는 CSS의 기본 속성에 관해 살펴봤습니다. 6장에서는 CSS3라고도 불리는 비교적 새로운 기능과 속성에 관해 학습하겠습니다. CSS3는 77페이지에서 언급했듯이 기능 분야(모듈)별로 사양이 검토되고 있습니다. 따라서 많은 사양서가 만들어지고 있지만, 이 책의 집필 시점에서 정식으로 채택된 것은 아직 일부에 불과합니다(W3C의 사양 결정 과정은 18페이지의 칼럼을 참고하세요). 이러한 상황에서 웹브라우저의 지원으로 보급돼 거의 문제 없이 동작하는 기능을 골라 소개하겠습니다.

　먼저 **다중 칼럼**(multi-column) 레이아웃입니다. 칼럼은 '열'이라는 뜻으로, 말 그대로 내용을 다단으로 배치하는 방식입니다. 신문이나 잡지에서 흔히 볼 수 있는 레이아웃입니다. 웹페이지에서는 스마트폰이나 태블릿과 같은 모바일 기기에서 보기 쉽도록 열을 나누지 않는 레이아웃을 많이 사용하지만, 페이지의 내용이나 목적에 따라서는 다단 레이아웃이 적합할 때도 있습니다. 이럴 때 활용하기 좋은 기능입니다.

　플렉스 박스(flexbox)는 배치와 크기를 유연하게 조정할 수 있는 박스입니다. 커다란 틀을 준비해서 그 안에 박스를 나열하는 이미지입니다. 왼쪽부터 정렬하거나 오른쪽부터 정렬할 수도 있고 표시 순서를 지정할 수도 있습니다.
　이처럼 다중 칼럼이나 플렉스 박스를 사용하면, 지금까지 float 속성이나 position 속성으로 구현했던 레이아웃을 더욱 쉽게 설정할 수 있게 됩니다.

움직임도 표현할 수 있다

앞에서 학습한 기본적인 색상 지정 방법 이외에도 투명도를 지정하거나 그러데이션을 표현할 수 있습니다.

끝으로 웹페이지상에서 움직임을 표현하는 **트랜지션**과 **애니메이션**을 소개합니다. 트랜지션은 어떤 스타일에서 다른 스타일로 매끄럽게 바뀌는 효과를 말하며 전환 효과라고도 불립니다. 처음과 마지막 스타일만 지정하면 중간 상태는 브라우저가 계산해서 표시해 줍니다. 반면, 애니메이션은 키프레임을 이용해 임의 지점의 스타일도 정의할 수 있으므로 스타일 변화를 더욱 세밀하게 설정할 수 있는 것이 특징입니다.

모두 사양에서 발췌하여 소개하므로 기본적인 부분만 다루고 넘어가지만, 어떤 일을 할 수 있는지 대략적으로 파악할 수 있을 것입니다.

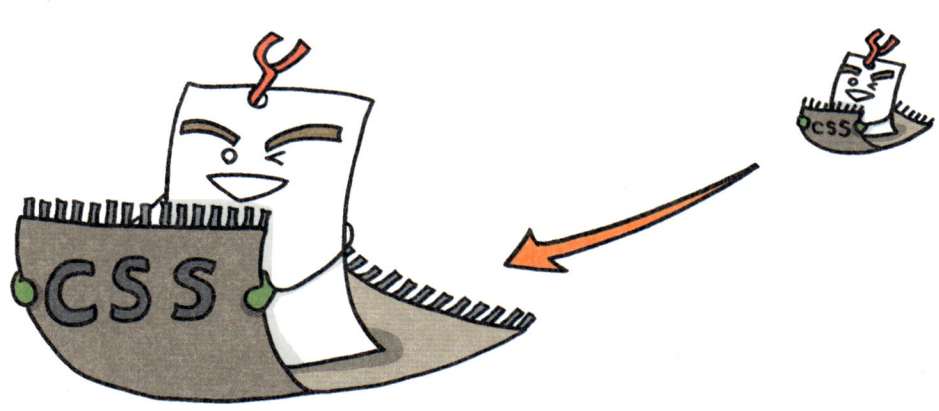

다단 레이아웃

신문이나 잡지에서 볼 수 있는 다단 편집을 CSS로 만들어 봅시다.

 ## 다중 칼럼을 지정한다

다중 칼럼(다단)은 내용을 몇 개의 열로 나눠 배치하는 방법입니다. 단의 너비를 지정하거나 단의 개수를 지정해서 나눌 수 있습니다. 또는 2가지를 한 번에 지정할 수도 있습니다.

속성	의미	값
column-width	단의 너비를 지정합니다.	px나 % 단위로 지정합니다(%는 불가). auto `초깃값`
column-count	단의 개수를 지정합니다.	1 이상의 수, auto `초깃값`
columns	단의 너비와 개수를 한 번에 지정합니다.	column-width와 column-count의 값

```
column-width: 5em;
column-count: 2;
```

실행 결과

그림책 시리즈는 내용을 9개의 주제로 나눠서   일러스트로 설명합니다.

← 5em →

> 어디까지나 이상적인 너비와 개수를 지정한다고 이해하는 편이 좋습니다.

> 실제로는 다른 속성이나 표시 영역의 크기와 문제로 너비나 단의 개수가 지정한 대로 되지 않는 경우도 있습니다.

위의 예에서 단의 너비와 개수를 한 번에 지정할 경우에는 다음과 같이 두 값을 순서에 상관없이 스페이스로 구분해 기술합니다.

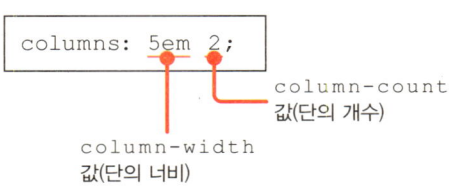

> 한 쪽 값을 생략하면 초깃값이 생략한 값에 적용됩니다.

≫ 단의 간격을 지정하는 속성

단의 간격도 지정할 수 있습니다. 단, 음수 값은 지정할 수 없습니다.

속성	의미	값
column-gap	단의 간격을 지정합니다.	px나 % 단위로 지정합니다. normal(1em) 초깃값

```
column-gap: 4em;
```

실행 결과

그림책 시리즈   설명합니다.
는 내용을 9개
의 주제로 나눠
서 일러스트로

🔓 다중 칼럼의 구분선을 지정한다

다단 레이아웃에 구분선을 표시하고 싶을 때는 너비, 종류, 색을 각각 지정하거나 한꺼번에 지정합니다. 지정할 수 있는 값은 테두리(border, 106페이지)와 동일합니다.

속성	의미	값
column-rule-style	선의 종류를 지정합니다.	border-style 참조
column-rule-width	선의 너비를 지정합니다.	border-width 참조
column-rule-color	선의 색을 지정합니다.	border-color 참조
column-rule	선의 종류, 너비, 색을 한꺼번에 지정합니다.	3가지 값을 순서에 상관없이 스페이스로 구분해 지정합니다.

```
column-rule-style: solid;
column-rule-width: 3px;
column-rule-color: red;
```

column-rule-style에 'none'과 'hidden' 이외의 값을 지정해야 너비와 색 지정이 유효하게 됩니다.

또는

```
column-rule: solid 3px red;
```

실행 결과

그림책 시리 | 일러스트로
즈는 내용 | 설명합니다.
을 9개의 주 |
제로 나눠서 |

생략한 값에는 초깃값이 적용됩니다.

플렉스 박스

유연하게 위치를 결정할 수 있는 박스를 소개합니다.

플렉스 박스

플렉스 박스의 기능을 이용하면 박스의 가로 세로 배치를 유연하게 할 수 있습니다. 플렉스 박스는 부모 요소 박스 안에 자식 요소 박스가 배치되는 방법을 지정해서 작성합니다.

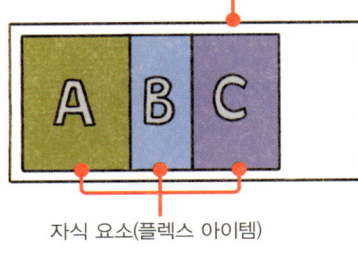

부모 요소(플렉스 컨테이너)

자식 요소(플렉스 아이템)

플렉스 박스가 지정된 요소의 레이아웃을 플렉스 박스 레이아웃이라고 합니다.

플렉스 박스를 지정한다

플렉스 박스를 만들기 위해서는 부모 요소의 **display** 속성에 다음 값 중 하나를 지정해 플렉스 컨테이너로 만듭니다.

flex	블록 레벨 플렉스 컨테이너
inline-flex	인라인 레벨 플렉스 컨테이너

예

HTML
```
<div id="container">
  <div id="box1">BOX1</div>
  <div id="box2">BOX2</div>
</div>
```

CSS
```
#container {
  display: flex;
  width: 250px;
  border: 2px solid #000000;
}
#box1, #box2 {
  width: 100px;
  height: 50px;
}
#box1{
  background-color: #ffff66;
}
#box2 {
  background-color: #99ffcc;
}
```

실행 결과

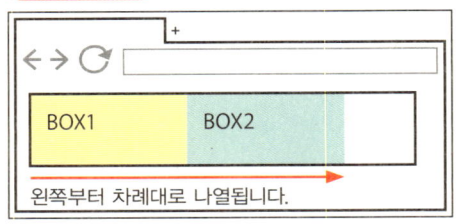

왼쪽부터 차례대로 나열됩니다.

▶ 요소의 정렬 방향

요소의 박스를 정렬하는 방향은 플렉스 컨테이너에서 **flex-direction** 속성을 지정합니다.

row	초깃값	가로 방향(순방향)
row-reverse		가로 방향(역방향)
column		세로 방향(순방향)
column-reverse		세로 방향(역방향)

※ 순방향은 문자를 기술하는 방향입니다.

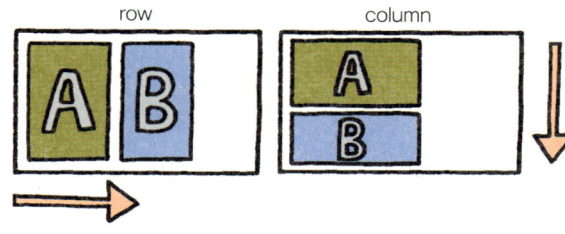

```
#container {
  display: flex;
  flex-direction: row-reverse;
  width: 250px;
  border: 2px solid #000000;
}
    :
    :
```

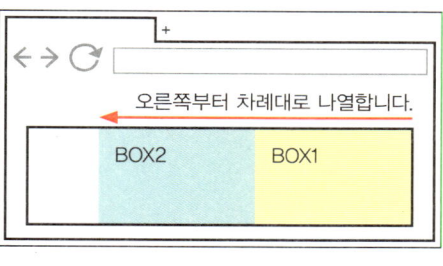

오른쪽부터 차례대로 나열합니다.

▶ 요소의 배열 순서

order 속성으로 요소를 표시하는 순서를 지정할 수 있습니다. 이 속성은 플렉스 아이템(자식 요소)에 지정합니다.

예

HTML
```
<div id="container">
  <div id="box1">BOX1</div>
  <div id="box2">BOX2</div>
</div>
```

같은 번호가 있는 경우, 기술된 순서대로 나열합니다.

CSS
```
#container {
  display: flex;
  width: 250px;
  border: 2px solid #000000;
}
#box1, #box2 {
  width: 100px;
  height: 50px;
}
#box1{
  order: 2;
  background-color: #ffff66;
}
#box2 {
  order: 1;
  background-color: #99ffcc;
}
```

실행 결과

BOX2 (첫 번째) BOX1 (두 번째)

플렉스 박스 **129**

투명도와 그러데이션

이번에는 투명도와 그러데이션을 살펴봅시다. 그러데이션에는 몇 가지 종류가 있지만, 이 책에서는 선형 그러데이션을 소개합니다.

🔓 투명도를 지정한다

opacity 속성으로 요소 박스 전체의 투명도를 지정할 수 있습니다.
값은 0.0(완전 투명)~1.0(완전 불투명)의 수치로 지정합니다. 초깃값은 1입니다.

예

HTML
```
<div id="sample02">opacity: 0.2</div>
<div id="sample05">opacity: 0.5</div>
<div id="sample08">opacity: 0.8</div>
<div id="sample10">opacity: 1.0</div>
```

CSS
```
div {
  width: 200px;
  background-color: #0000cd;
  color: #ffffff;
  font-weight: bold;
}
#sample02 {
  opacity: 0.2;
}
#sample05 {
  opacity: 0.5;
}
#sample08 {
  opacity: 0.8;
}
#sample10 {
  opacity: 1.0;
}
```

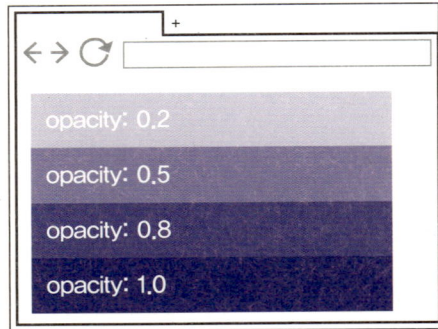

실행 결과

콘텐츠를 보는 데 불편하지 않도록 주의합시다.

선형 그러데이션을 지정한다

background 등 이미지를 다루는 속성에 **linear-gradient( )** 함수를 사용하면 선형(평행인) 그러데이션으로 칠할 수 있습니다.

위와 같은 그러데이션을 그리려면 다음과 같이 지정합니다.

```
background:linear-gradient(45deg, red, white);
```

시작 색 / 종료 색

그러데이션 방향
다음 중 한 가지 방법으로 지정합니다. 생략하면 위에서 아래로 향하는 그러데이션이 됩니다.
1) 각도를 45deg 등으로 지정합니다.
2) 종료 위치를 to top right 등으로 지정합니다.

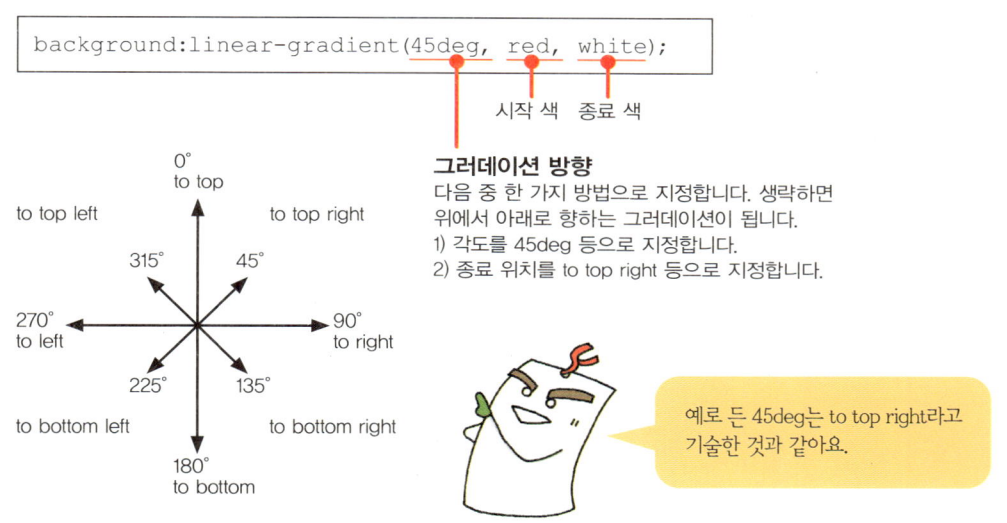

예로 든 45deg는 to top right라고 기술한 것과 같아요.

≫ 여러 가지 색 지정

색은 여러 개를 지정할 수 있습니다. 또한 변화 위치를 지정할 수도 있습니다.

```
background:linear-gradient(to right, red 0%, yellow 40%, white 80%, blue);
```

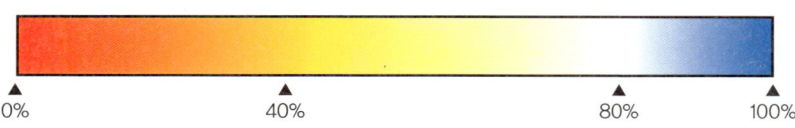

0%　　40%　　80%　100%

트랜지션

트랜지션을 사용하면, 어떤 상태에서 다른 상태로 모습을 변화시킬 수 있습니다.

트랜지션

트랜지션이란, 어떤 스타일을 다른 스타일로 매끄럽게 변화시키는 효과입니다. 요소의 색이나 크기를 바꾸거나 어떤 위치에서 다른 위치로 이동시키는 등 간단한 애니메이션 효과를 표현할 수 있습니다.

지정한 시간에 따라 매끄럽게 변화합니다.

트랜지션을 지정한다

트랜지션은 효과를 적용할 속성을 선택해 처음 상태와 마지막 상태를 설정하고 어느 정도의 시간을 들여 변화시킬 것인지를 지정합니다.

≫ 효과를 적용할 속성 지정

transition-property로 변화시킬 속성을 지정합니다. 여러 속성을 변화시키고 싶은 경우에는 쉼표(,)로 구분해 기술합니다.

```
transition-property: width;
```
— width 속성을 변화시킵니다.

```
transition-property: background-color;
```
— background-color 속성을 변화시킵니다.

```
transition-property: width, background-color;
```
— width 속성과 background-color 속성을 변화시킵니다.

≫변화에 걸리는 시간 지정

transition-duration 속성으로 변화가 끝날 때까지 걸리는 시간을 초(s)나 밀리 초(ms)로 지정할 수 있습니다. 여러 속성을 시간을 달리해 변화시킬 때는 각각에 대응하는 시간을 쉼표(,)로 구분해서 기술합니다.

```
transition-duration: 3s;
```
→ 3초 걸려서 변화가 완료됩니다.

예

HTML
```
<div>sample</div>
```

CSS
```
div {
  width: 100px;
  height: 100px;
  background-color: #ffff99;
  transition-property: width, background-color;
  transition-duration: 3s;
}
div:hover {
  width: 200px;
  background-color: #66ccff;
}
```

변경 전(처음) 스타일

변경 후(마지막) 스타일

:hover
마우스 커서가 상자 위에 있을 때 적용됩니다.

마우스 커서를 올려놓으면 사각형이 천천히 옆으로 늘어나면서 색이 변합니다.

실행 결과

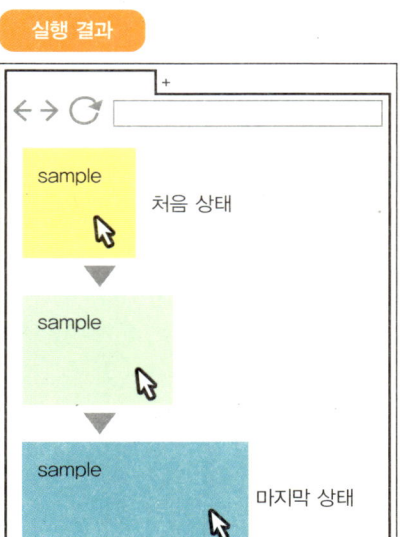

처음 상태

마지막 상태

트랜지션 **133**

애니메이션

CSS를 사용해 웹브라우저상에서 간단한 애니메이션을 만들 수 있습니다.

🔓 CSS 애니메이션

CSS 애니메이션은 **키프레임**이라는 어떤 시점의 스타일을 가리키는 체크 포인트와 같은 것을 설치해서 변화시킵니다. 키프레임은 다음과 같이 **@keyframes**를 사용해 설정합니다.

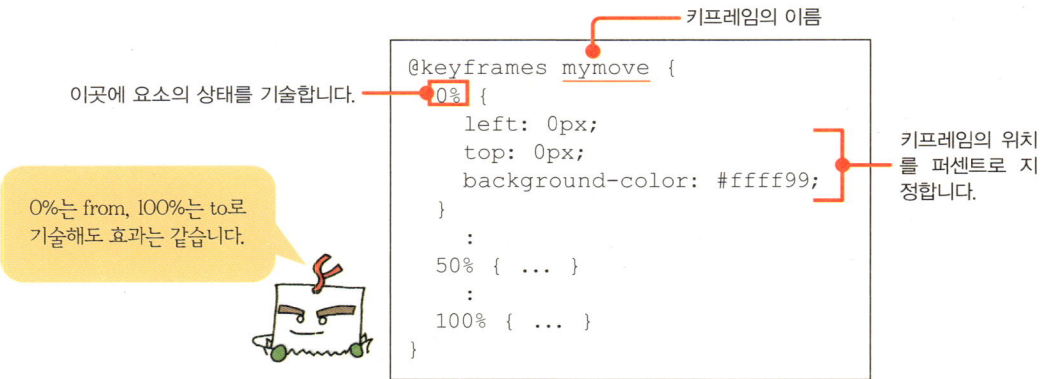

- 키프레임의 이름
- 이곳에 요소의 상태를 기술합니다.
- 키프레임의 위치를 퍼센트로 지정합니다.
- 0%는 from, 100%는 to로 기술해도 효과는 같습니다.

🔓 애니메이션을 실행한다

키프레임을 설정한 후 실제로 요소를 움직이려면 이용할 키프레임과 애니메이션 재생 시간을 지정해야 합니다.

▶ 적용할 키프레임을 지정

animation-name 속성으로 애니메이션하고 싶은 요소에 적용할 키프레임 이름을 지정합니다.

```
animation-name: mymove;
```
— mymove라는 이름의 키프레임을 적용합니다.

▶ 변화에 걸리는 시간을 지정

animation-duration 속성으로 변화가 끝날 때까지 걸리는 시간을 초(s)나 밀리 초(ms)로 지정할 수 있습니다.

```
animation-duration: 6s;
```
— 6초에 걸쳐 변화가 완료됩니다.

≫ 실행할 횟수를 지정

animation-iteration-count 속성으로 반복할 횟수를 지정합니다. 무한히 반복할 경우에는 infinite를 지정합니다.

```
animation-iteration-count: 3;
```
— 애니메이션을 3번 반복합니다.

예

HTML
```
<div>sample</div>
```

CSS
```
@keyframes mymove {
  0% {
    left: 0px;
    top: 0px;
  }
  50% {
    left: 200px;
    top: 0px;
  }
  100% {
    left: 200px;
    top: 200px;
  }
}
div {
  position: absolute;
  width: 100px;
  height: 100px;
  background-color: #ff9966;
  animation-name: mymove;
  animation-duration: 6s;
  animation-iteration-count: 3;
}
```

페이지가 열리면 애니메이션이 시작됩니다.

실행 결과

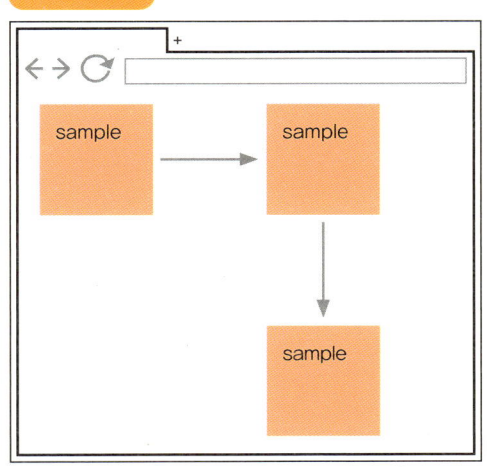

6초가 걸려 이동하는 애니메이션을 3번 반복합니다.

애니메이션 135

 ## 샘플 프로그램 (1)

● 다중 칼럼

실제로 문장을 다단 레이아웃으로 표시해 봅시다. 다음 CSS에서는 단의 개수와 폭을 비롯해 각 설정을 개별적으로 지정했지만, 한꺼번에 지정해도 효과는 같습니다.

소스코드

sample1.css

```css
@charset "UTF-8";

p {
    column-width: auto;
    column-count: 2;
    column-gap: 4em;
    column-rule-style: dotted;
    column-rule-width: 10px;
    column-rule-color: #dda0dd;
}
```

`columns: auto 2;` 라고 쓸 수도 있습니다.

`column-rule: dotted 10px #dda0dd;` 라고 쓸 수도 있습니다.

sample1.html

```html
<!DOCTYPE html>
<html lang="ko">
<head>
    <meta charset="UTF-8">
    <title>6장 다중 칼럼 연습</title>
    <link rel="stylesheet" href="sample1.css">
</head>
<body>
<p>CSS는 HTML 파일 안에 직접 기술할 수도 있지만 주로 사용되는 방법은 CSS를 별도의 파일로 준비하는 것입니다. 이런 경우, HTML 파일에서 CSS 파일을 참조하는 형태로 스타일을 적용합니다. 이 방법을 사용하면 HTML 코드가 간결해지고 유지 및 보수도 쉬워집니다. 또 웹사이트의 기본 디자인을 통일할 수 있고, 사용자의 디바이스 화면 크기에 따라 표시를 전환하는 반응형 디자인도 적용할 수 있다는 장점도 있습니다.</p>
</body>
</html>
```

CSS는 HTML 파일 안에 직접 기술할 수도 있지만 주로 사용되는 방법은 CSS를 별도의 파일로 준비하는 것입니다. 이런 경우, HTML 파일에서 CSS 파일을 참조하는 형태로 스타일을 적용합니다. 이 방법을 사용하면 HTML 코드가 간결해지고 유지 및 보수도 쉬워집니다. 또 웹사이트의 기본 디자인을 통일할 수 있고, 사용자의 디바이스 화면 크기에 따라 표시를 전환하는 반응형 디자인도 적용할 수 있다는 장점도 있습니다.

126페이지에서 설명한 것처럼 단의 너비나 개수가 지정한 대로 표시되지 않는 경우도 있습니다.

샘플 프로그램 (1) **137**

# 샘플 프로그램 (2)

● 애니메이션

135페이지에서는 위치를 변경하는 애니메이션을 만들었습니다. 이번 예제에서는 박스의 크기와 색을 바꿔 보겠습니다. 박스에 마우스 커서를 올려놓으면 애니메이션이 시작됩니다.

소스 코드

sample2.css

```css
@charset "UTF-8";

@keyframes mymove {
  0% {
    background-color: #ffcc33;
  }
  50% {
    width: 300px;
    height: 100px;
    background-color: #99ff66;
  }
  100% {
    width: 300px;
    height: 300px;
    background-color: #33ccff;
  }
}
div{
  width: 100px;
  height: 100px;
  background-color: #ff3366;
}
div:hover {              /* 마우스 커서를 올려놓았을 때 애니메이션을 적용 */
  animation-name: mymove;
  animation-duration: 2s;         /* 애니메이션 시간 2초 */
  animation-iteration-count: 2;   /* 2번 반복 */
}
```

sample2.html

```html
<!DOCTYPE html>
<html lang="ko">
<head>
  <meta charset="UTF-8">
  <title> 6 장 애니메이션 연습 </title>
  <link rel="stylesheet" href="sample2.css">
</head>
<body>
<div>sample2</div>
</body>
</html>
```

실행 결과

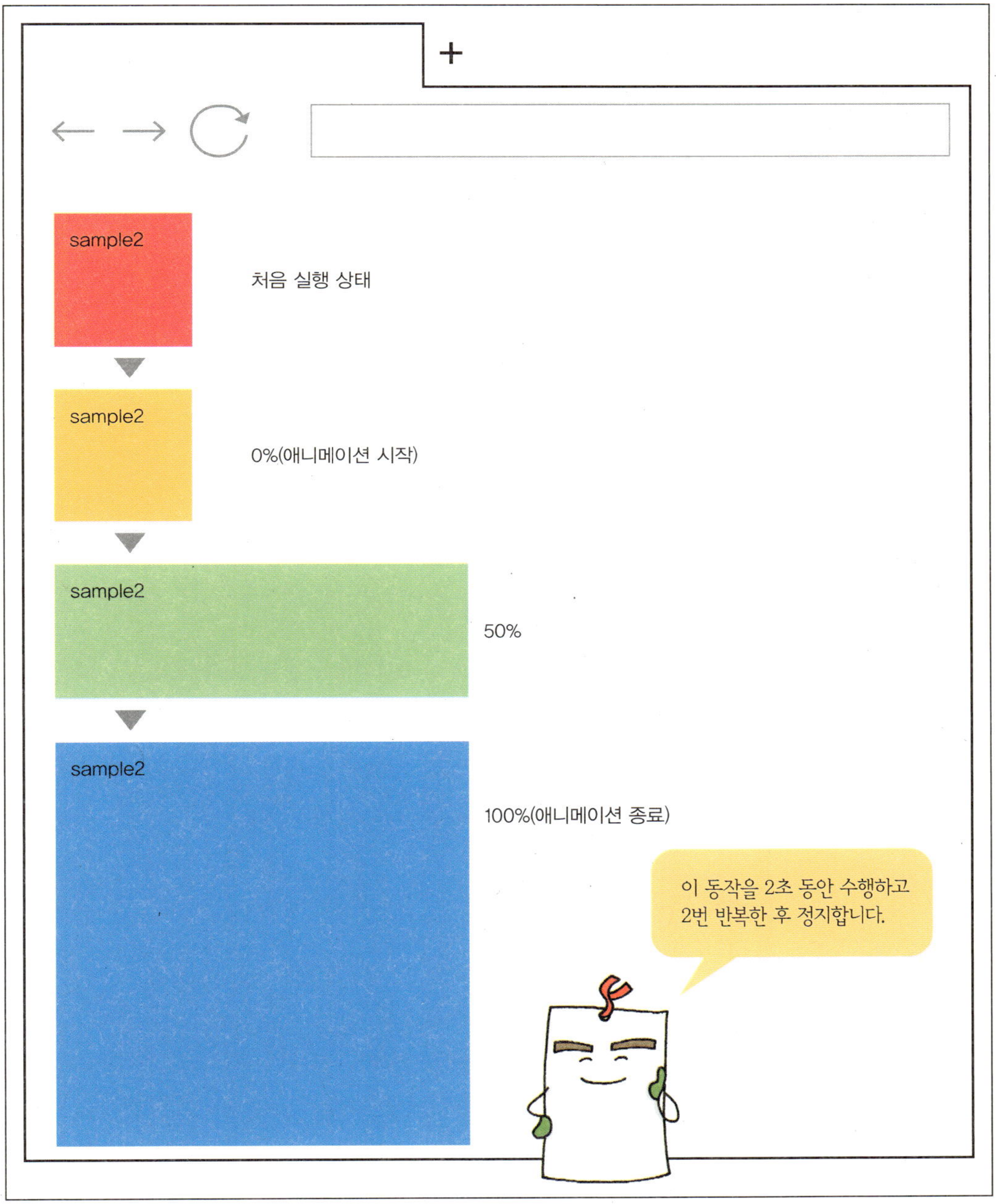
sample2
처음 실행 상태
sample2
0%(애니메이션 시작)
sample2
50%
sample2
100%(애니메이션 종료)
이 동작을 2초 동안 수행하고
2번 반복한 후 정지합니다.

칼럼

~ 스타일의 상속에 대해서~

CSS를 학습하면서 다양한 속성을 살펴봤습니다. 그런데 속성 중에는 부모 요소에서 지정한 값을 자식 요소로 상속하는 것과 상속하지 않는 것이 있습니다.

예를 들어 body { color: blue; }라고 지정한 페이지의 경우, 글자색이 지정되지 않은 자식 요소는 body 요소의 값을 상속해서 파란색으로 표시됩니다. 텍스트나 글꼴에 관한 속성도 기본적으로 값을 상속합니다.

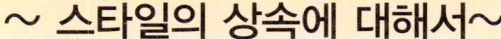

값을 상속하지 않는 속성은 배경 이미지나 마진, 패딩 등이 있습니다. 예를 들어 div { margin: 5px; }이라고 지정한 경우, div 요소의 마진은 '5px'이 됩니다. 하지만 마진 값은 상속되지 않으므로 이 div 요소의 자식 요소에 마진을 설정하고 싶을 때는 스타일을 새로 지정해야 합니다.

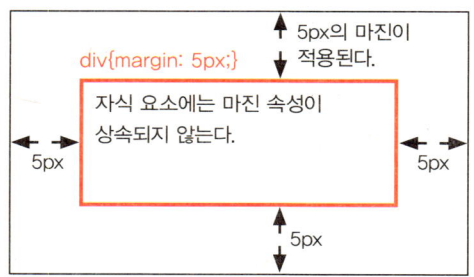

지면 관계상 이 책에서 설명하지는 않았지만, CSS에 익숙해지면 W3C 사양서나 레퍼런스 사이트를 찾아보면 좋겠지요.

7
반응형 디자인

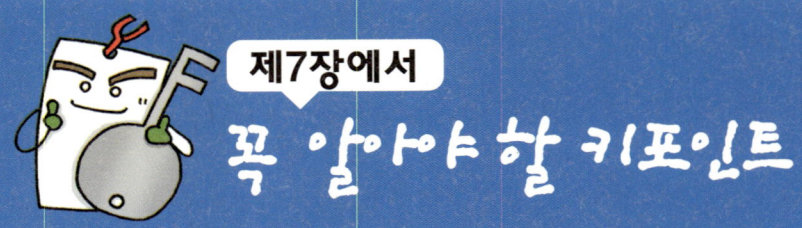

제7장에서 꼭 알아야 할 키포인트

HC 레이아웃 패턴

이번에는 HTML과 CSS로 표현되는 웹페이지에 대해서도 조금 살펴보겠습니다.

웹페이지에서는 메인 콘텐츠, 웹사이트 내비게이션, 광고를 표시하는 사이드바 등 내용이 몇 개의 열로 나뉘어 배치되는 경우가 있습니다. 이 열을 **칼럼**이라고 하고 여러 개의 칼럼으로 구성된 레이아웃을 **다중 칼럼**(다단) 레이아웃이라고 합니다. 컴퓨터처럼 비교적 큰 화면에서는 정보를 정리해서 보기 쉽게 할 수 있고 조작성도 높아지는 레이아웃 방법입니다. 하지만 화면이 작은 스마트폰용으로는 세로로 분할하지 않는 1칼럼(싱글 칼럼) 레이아웃이 적합합니다.

다중 칼럼을 실현하는 방법은 몇 가지가 있지만, 여기서는 **float 속성**을 이용하는 방법과 **플렉스 박스**를 이용하는 방법을 소개합니다.

float 속성은 CSS1에서 정의돼 오래전부터 사용되고 있는 대중적인 기술입니다. 반면, 플렉스 박스는 CSS에서 도입된 비교적 새로운 기술이라고 할 수 있습니다.

반응형 디자인

컴퓨터, 스마트폰, 태블릿 등 웹을 열람하는 데 사용되는 디바이스의 종류나 화면 크기는 정말 다양합니다. 사용자가 어떤 디바이스로 접속하더라도 똑같이 이용할 수 있게 하려면, 이러한 환경의 차이를 배려해야만 합니다.

최적의 화면을 제공하기 위해 디바이스별로 웹사이트를 만드는 방법도 있지만, 최근에는 화면 크기에 따라 CSS를 교체하는 **반응형 디자인**이 많이 사용됩니다. 하나의 HTML 파일을 공유하므로 업데이트나 수정이 한 번으로 끝나고 유지 관리 시간을 줄일 수 있다는 장점이 있습니다.

반응형 디자인에서는 HTML 문서에 뷰포트를 설정합니다. **뷰포트**란, 웹페이지를 표시하는 영역을 말하며 스마트폰으로 열람할 때 웹페이지를 어느 정도 크기(너비)로 표시할 것인지 지정할 수 있습니다. 간혹 PC용 웹페이지가 그대로 축소돼 읽기가 어려울 때도 있는데, 그 이유는 뷰포트 설정을 하지 않아 스마트폰이 PC용 페이지를 그대로 축소해서 표시하기 때문입니다.

다음으로 미디어 쿼리(Media Query)를 사용해 디바이스(화면 크기)별 스타일을 지정합니다. 이때 스마트폰 등 모바일 단말에서의 이용을 우선해서 만드는 **모바일 퍼스트**와 PC에서의 이용을 우선해서 만드는 **PC 퍼스트**라는 개념이 있습니다. 최근에는 모바일 단말기의 보급으로 모바일 퍼스트 쪽이 중요해지는 것 같습니다.

PC와 스마트폰으로 다양한 웹사이트를 비교해 보면서 어떤 디자인으로 돼 있는지 확인해 보세요.

레이아웃 패턴

웹페이지의 구성을 살펴봅시다.

 ## 웹페이지의 칼럼

웹페이지의 내용이 몇 개의 열로 배치되는 경우가 있습니다. 이 열을 '칼럼'이라고 합니다.

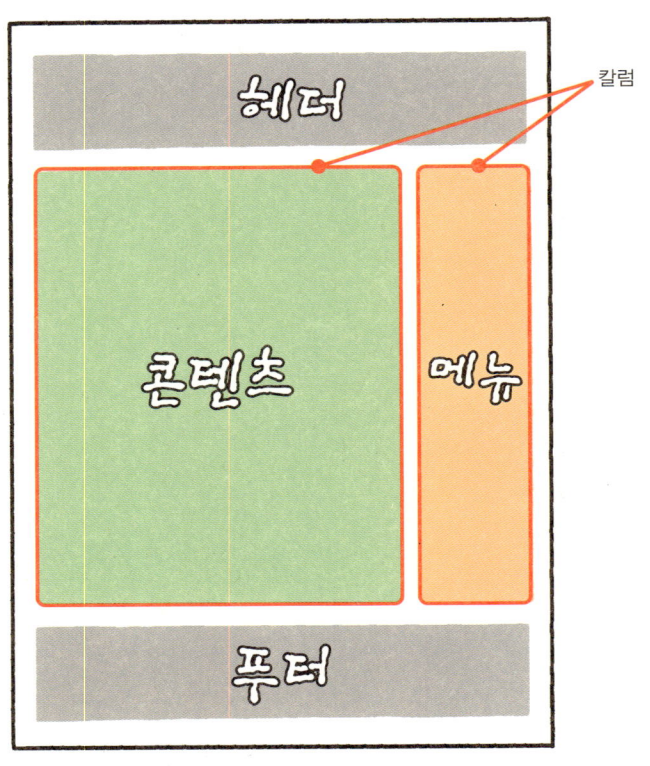

잡지나 신문 같은 출판물에서 자주 볼 수 있는 방법이지요.

대표적인 레이아웃 패턴

2열 이상의 칼럼으로 나눠 내용을 배치하는 것을 **다중 칼럼(다단)** 레이아웃이라고 합니다.

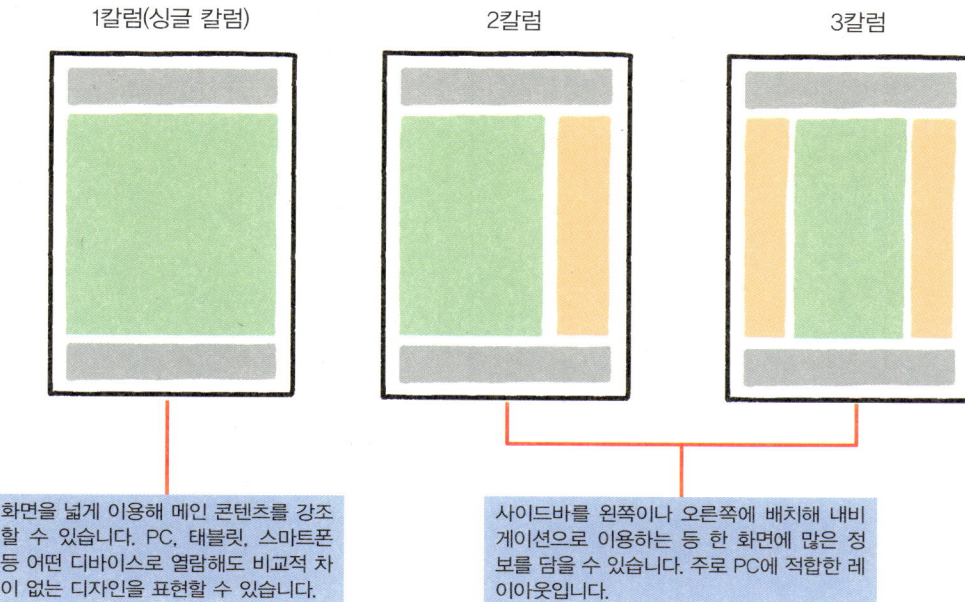

화면을 넓게 이용해 메인 콘텐츠를 강조할 수 있습니다. PC, 태블릿, 스마트폰 등 어떤 디바이스로 열람해도 비교적 차이 없는 디자인을 표현할 수 있습니다.

사이드바를 왼쪽이나 오른쪽에 배치해 내비게이션으로 이용하는 등 한 화면에 많은 정보를 담을 수 있습니다. 주로 PC에 적합한 레이아웃입니다.

레이아웃은 사용자가 얼마만큼 집중해서 볼 수 있는지에 영향을 미칩니다.

레이아웃 패턴　**145**

다중 칼럼 레이아웃 만들기

다중 칼럼 레이아웃을 만드는 방법을 소개합니다.

다중 칼럼을 지정하려면?

웹페이지에서 다중 칼럼 레이아웃을 구현하는 방법에는 몇 가지가 있지만, 주요 방법은 다음과 같습니다.

▶ float 속성을 사용한다

float 속성(117페이지)으로 다중 칼럼을 실현합니다. 오래전부터 이용되던 방법입니다.

HTML

```
<header> 헤더 </header>
<div id="container" class=".clearfix">
    <div id="box1">BOX1</div>
    <div id="box2">BOX2</div>
</div>
<footer> 푸터 </footer>
```

> float 속성은 CSS1에서부터 정의돼 있는 속성입니다.

CSS

```
header, footer {
    width: 100%;
    background-color: #dcdcdc;
}
#container {
    width: 100%;
}
#box1{
    float: left;    /* 왼쪽으로 배치 */
    width: 60%;
    height: 200px;
    background-color: #ffff66;
}
#box2 {
    float: right;   /* 오른쪽으로 배치 */
    width: 40%;
    height: 200px;
    background-color: #99ffcc;
}
.clearfix::after {  /* 지정한 요소 마지막에 */
    content: " ";   /* 빈 내용을 삽입 */
    display: block; /* 블록 레벨 요소로 한다 */
    clear: both;    /*float 배치를 해제한다 */
}
```

```
헤더
BOX1    BOX2
푸터
```
clearfix

※ float 속성을 해제하지 않으면, 이어지는 요소에도 적용돼 의도하지 않은 레이아웃이 되는 경우도 있습니다.

> 이 경우, footer 요소에 `clear: both;` (117페이지)라고 지정해도 float 속성을 해제할 수 있습니다.

> clearfix라는 float 속성을 해제하는 방법입니다.

≫ 플렉스 박스를 사용한다

플렉스 박스(128페이지) 기능을 이용해 다중 칼럼을 구현합니다. 플렉스 박스는 CSS3에서 도입된 기능입니다.

예

HTML
```
<header> 헤더 </header>
<div id="container">
   <div id="box1">BOX1</div>
   <div id="box2">BOX2</div>
</div>
<footer> 푸터 </footer>
```

CSS
```
header, footer {
   width: 100%;
   background-color: #dcdcdc;
}
#container {
   display: flex;   /* 플렉스 박스로 지정한다 */
   width: 100%;
}
#box1{
   width: 60%;
   height: 200px;
   background-color: #ffff66;
}
#box2 {
   width: 40%;
   height: 200px;
   background-color: #99ffcc;
}
```

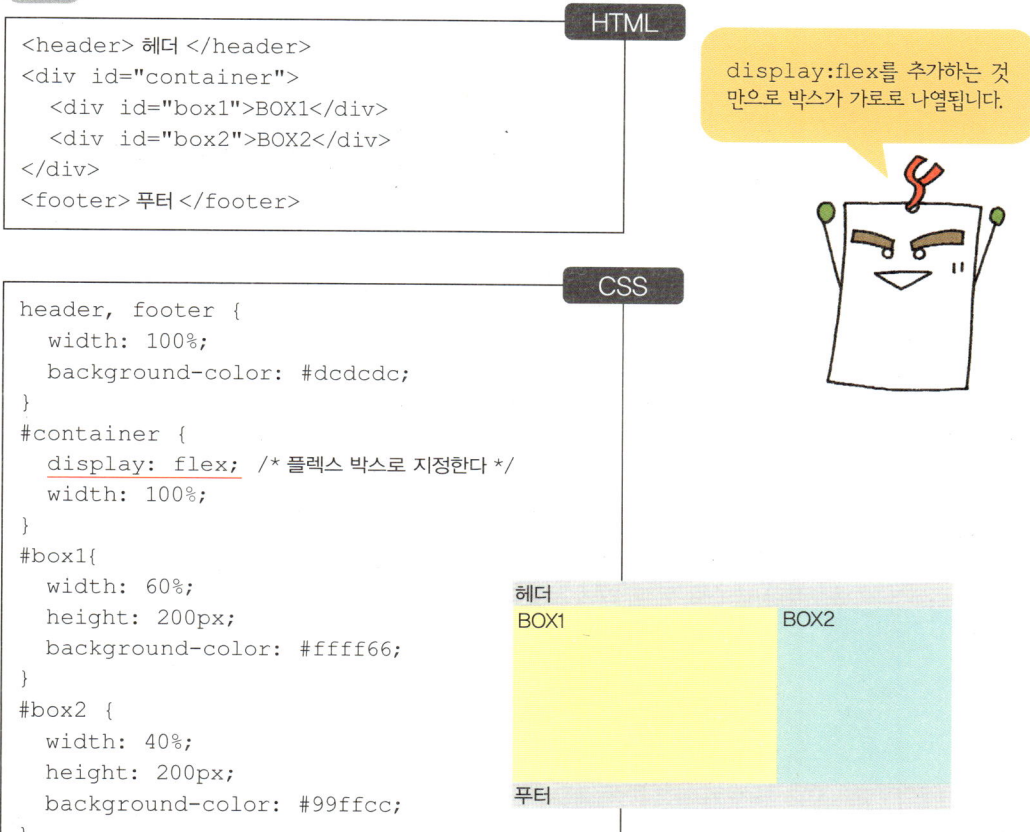

display:flex를 추가하는 것만으로 박스가 가로로 나열됩니다.

문장을 분할해 가로로 나열하고 싶을 때는 column 관련 속성(126페이지)을 이용할 수 있습니다.

다중 칼럼 레이아웃 만들기 **147**

디바이스와 UI

둘 다 컴퓨터 세계에서 자주 사용되는 용어이지만, 다시 한번 의미를 확인해 둡시다.

디바이스

디바이스란, 컴퓨터나 컴퓨터에 연결해서 사용하는 장치를 말합니다. 웹사이트 열람에 사용되는 주요 디바이스로는 PC, 태블릿, 스마트폰 등이 있습니다.

웹 열람에는 PC, 태블릿, 스마트폰이 주로 사용됩니다.

가정용 게임기나 인터넷에 연결할 수 있는 TV로 웹을 열람하는 사람도 있습니다.

UI

UI는 'User Interface'의 약자로, 사용자와 제품이나 서비스의 접점이 되는 것을 의미합니다. 디스플레이, 마우스, 키보드 등의 기기뿐만 아니라 제품 자체의 외관, 웹사이트의 디자인이나 글꼴 등도 UI에 해당합니다.

≫ UX

사용자가 제품이나 서비스를 통해 얻는 경험을 말하며 **UX**(User Experience)라고 합니다. UI는 UX에 커다란 역할을 담당하고 있습니다.

UI가 뛰어나면 UX의 질도 높아집니다.

디바이스와 UI

반응형 디자인 (1)

웹 열람에 사용되는 디바이스의 크기는 다양합니다. 이런 차이에 대응하는 방법 중 하나인 반응형 디자인을 대략적으로 살펴보겠습니다.

다양한 디바이스로 웹을 이용할 경우의 문제점

웹사이트의 열람에는 PC, 스마트폰, 태블릿 등 다양한 디바이스가 사용됩니다. 그 때문에 만약 PC용 사이트만 제공한다면 다음과 같은 문제가 발생할 수 있습니다.

멀티 디바이스 지원

어떤 디바이스로 이용해도 내용이나 조작성에 문제가 없고 콘텐츠와 서비스를 똑같이 이용할 수 있는 것을 **멀티 디바이스 지원**이라고 합니다. 웹 디자인에서는 다음과 같은 방법이 있습니다.

… PC용 사이트, 스마트폰용 사이트, 태블릿용 사이트처럼 디바이스별로 웹사이트를 만드는 방법입니다.

장점	각 디바이스에 맞는 디자인과 조작성을 실현할 수 있다.
단점	여러 버전의 페이지를 준비해야 하므로 제작 및 관리에 비용과 시간이 들어간다. 내용 업데이트나 수정할 때 실수가 일어나기 쉽다.

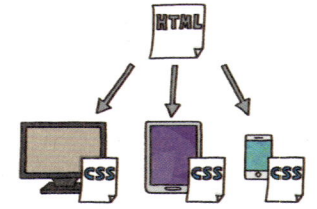

… CSS를 이용해 하나의 HTML 파일로 다른 화면 크기에 대응한다. **반응형 디자인(반응형 웹디자인)**이라고 불리는 방법입니다.

장점	하나의 HTML 파일로 구현하므로 내용 업데이트 및 수정이 한 번으로 끝나 관리 시간이 줄어든다.
단점	화면 크기별로 디자인을 제작하기 위해 CSS 설정 작업에 시간이 걸린다.

뷰포트 설정

웹페이지를 다양한 디바이스에 적절하게 표시하기 위해 meta 요소를 사용해 HTML 파일에 **뷰포트**(viewport)를 설정합니다. 뷰포트는 **표시 영역**을 뜻하며 뷰포트를 설정하면 페이지를 열었을 때의 너비나 확대 축소 등을 제어할 수 있게 됩니다.

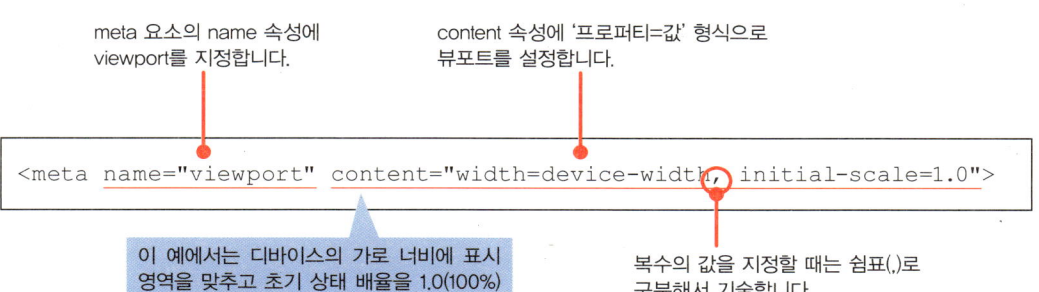

- meta 요소의 name 속성에 viewport를 지정합니다.
- content 속성에 '프로퍼티=값' 형식으로 뷰포트를 설정합니다.

```
<meta name="viewport" content="width=device-width, initial-scale=1.0">
```

- 이 예에서는 디바이스의 가로 너비에 표시 영역을 맞추고 초기 상태 배율을 1.0(100%)으로 지정했습니다.
- 복수의 값을 지정할 때는 쉼표(,)로 구분해서 기술합니다.

content 속성에 지정할 수 있는 값은 다음과 같습니다.

속성	설명	값	초깃값
width	표시 영역의 너비	200px~10000px device-width (디바이스 화면 너비에 맞춘다)	980px
height	표시 영역의 높이	223px~10000px device-height (디바이스 화면 높이에 맞춘다)	auto
initial-scale	페이지 최초 로드 시 확대율	배율(minimum-scale~maximum-scale의 범위)	1
user-scalable	사용자에 의한 확대 축소	yes(허가한다)/no(허가하지 않는다)	yes
minimum-scale	축소율 제한	0.0~10.0	0.25
maximum-scale	확대율 제한	0.0~10.0	1.6

뷰포트를 설정해 두면 스마트폰에서 화면이 축소돼 보기에 불편했던 문제를 방지할 수 있습니다.

반응형 디자인 (2)

계속해서 반응형 디자인을 구현하는 방법을 소개합니다.

 ## 미디어 쿼리

미디어(디바이스)의 종류나 조건에 따라 적용할 스타일을 설정하는 CSS의 기능을 **미디어 쿼리**라고 합니다. 반응형 디자인에서는 이 미디어 쿼리를 이용해 스타일을 디바이스(화면 크기)별로 지정합니다.

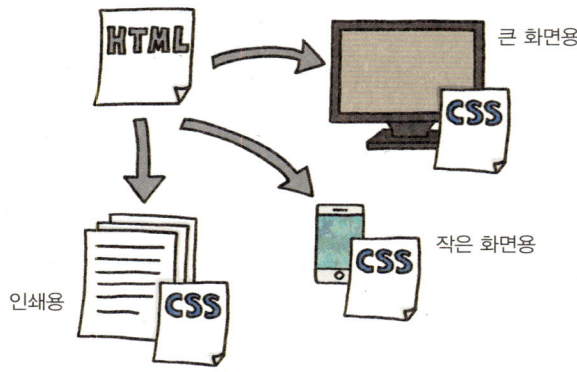

▶ 브레이크 포인트

스타일을 전환하는 포인트를 **브레이크 포인트**라고 합니다.

브레이크 포인트 설정 예시

브레이크 포인트에 규정은 없으므로 많이 사용되는 화면 크기 등을 고려해 결정하게 됩니다.

≫ @media로 기술한다

미디어 쿼리는 CSS 파일에 **@media**를 사용해 기술합니다. 예를 들어 왼쪽 페이지의 브레이크 포인트로 스타일을 전환할 경우, 다음과 같이 지정합니다.

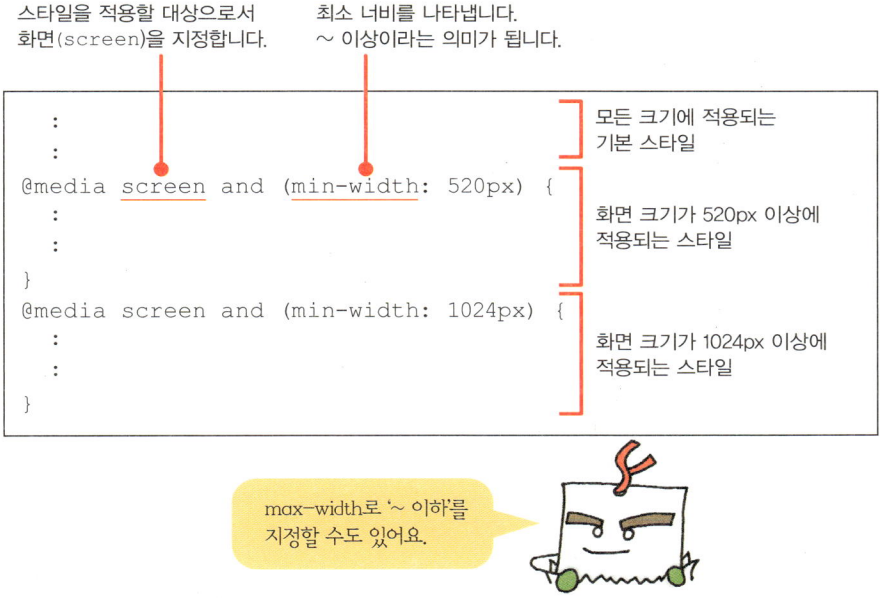

스타일을 적용할 대상으로서 화면(screen)을 지정합니다.

최소 너비를 나타냅니다. ~ 이상이라는 의미가 됩니다.

- 모든 크기에 적용되는 기본 스타일
- 화면 크기가 520px 이상에 적용되는 스타일
- 화면 크기가 1024px 이상에 적용되는 스타일

max-width로 '~ 이하'를 지정할 수도 있어요.

스마트폰 등으로 웹페이지를 볼 때의 편의성을 고려해 웹페이지를 디자인하는 개념을 **모바일 퍼스트**라고 합니다. 위 예는 이런 사고 방식을 바탕으로 CSS를 기술한 것으로, 더 큰 화면용 설정을 추가(변경)로 지정하고 있습니다.

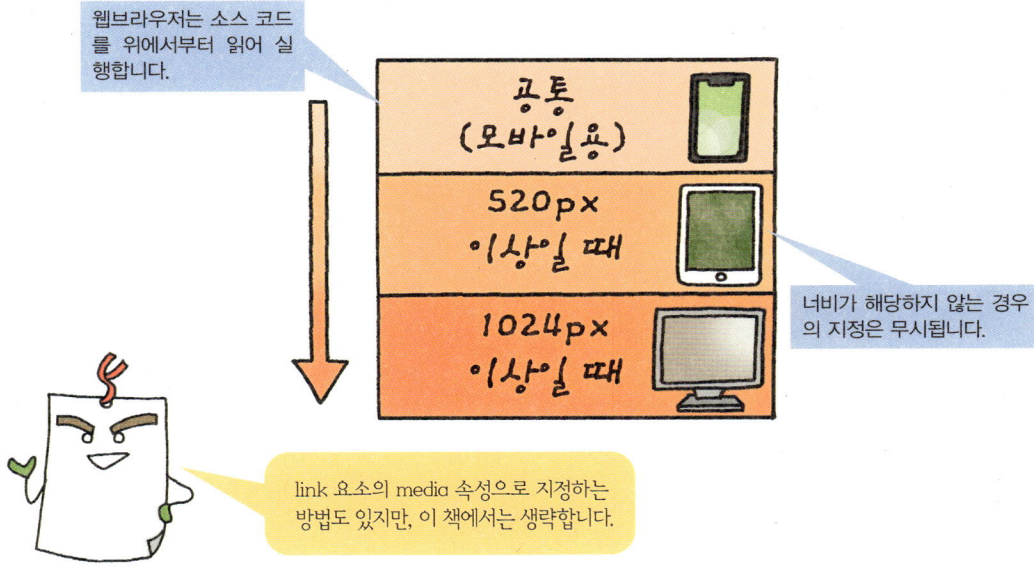

웹브라우저는 소스 코드를 위에서부터 읽어 실행합니다.

너비가 해당하지 않는 경우의 지정은 무시됩니다.

link 요소의 media 속성으로 지정하는 방법도 있지만, 이 책에서는 생략합니다.

반응형 디자인 (2) **153**

 ## 샘플 프로그램

7장에서 소개한 뷰포트 설정과 미디어 쿼리를 이용해 화면 크기(창 크기)에 따라 표시를 전환해 봅시다.

예

```html
<!DOCTYPE html>
<html lang="ko">
<head>
  <meta charset="UTF-8">
  <meta name="viewport" content="width=device-width, initial-scale=1">
  <title> 7장 디바이스 화면 크기로 전환하기 </title>
  <link rel="stylesheet" href="sample.css">
</head>
<body>
<div id="title"></div>
<div id="wrap">
  <div id="box1">BOX1</div>
  <div id="box2">BOX2</div>
</div>
<div id="box3">BOX3</div>
</body>
</html>
```

sample.css

```css
@charset "utf-8";
/* 모든 화면 크기에 적용할 스타일 */
div {
  box-sizing: padding-box;   ← 박스 너비(width 값)를 패딩 영역까지의 너비로 변경합니다.
  font-family: Impact, sans-serif;
}
#title {
  padding: 1em;
  background-color: #d21034;
  font-size: 2em;
}
#box1, #box2 {
  height: 8em;
  padding: 1em;
}
#box1 {
  background-color: #ffce00;
}
#box2 {
  background-color: #289728;
}
#box3 {
  display: none;   ← BOX3를 표시하지 않습니다.
}
```

```
#title::after {
  content: "small";
}
```
id=title 요소 뒤에 지정한 문자열을 추가합니다.

```
/* 화면 크기가 520px 이상에 적용할 스타일 */
@media screen and (min-width: 520px) {
  #title::after {
    content: "medium";
  }
  #wrap {
    display: flex;
  }
  #box1, #box2 {
    width: 50%;
  }
}
```
플렉스 박스로 만들어서 BOX1과 BOX2가 나란히 배치되도록 지정합니다.

```
/* 화면 크기가 1024px 이상에 적용할 스타일 */
@media screen and (min-width: 1024px) {
  #title::after {
    content: "wide";
  }
  #box3 {
    display: block;
    padding: 1em;
    background-color: #003082;
    color: #ffffff;
  }
}
```
BOX3를 표시합니다.

실행 결과

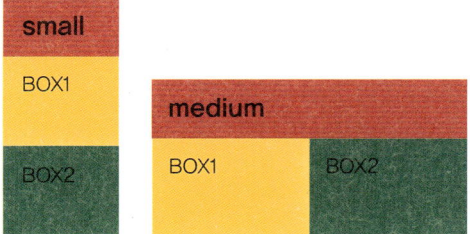

칼럼

~ 세계 최초의 웹사이트 ~

1989년에서 1990년에 걸쳐 CERN 연구소(스위스 제네바)의 팀 버너스 리에 의해 World Wide Web 서비스가 제안됐고 1990년에 세계 최초의 웹브라우저인 WWW(이후에 서비스 이름이 됩니다)가 개발됐습니다. 이때 웹브라우저는 아직 흑백이었고 더욱이 표시할 수 있는 웹페이지는 문자뿐인 매우 단순한 기능을 갖고 있었습니다. 아쉽게도 당시에 만들어진 웹사이트 소스는 남아 있지 않습니다. 이 때문에 한동안 세계 최초의 웹사이트를 볼 수 없었지만, 2013년에 CERN이 아카이브에서 발견한 복사본을 바탕으로 재현했습니다. 다음 URL에서 확인할 수 있습니다.

```
http://info.cern.ch/hypertext/WWW/TheProject.html
```

세계 최초의 WWW 서버는 역할을 다한 지금도 잘 보관돼 있으며 박물관 등에 전시품으로 대여되기도 한다고 합니다.

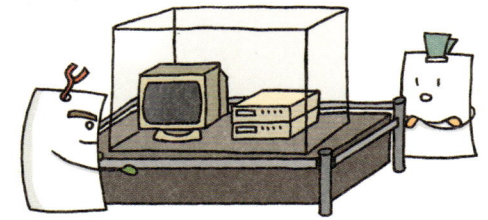

일본에서는 1992년 9월에 츠쿠바시 소재 고에너지물리학연구소(현재 고에너지가속기 연구 기구, KEK의 전신 중 하나) 계산과학센터에서 일본 최초의 웹사이트를 개설했습니다. 이때 사용된 WWW 서버는 2004년 4월에 현역에서 은퇴한 후 츠쿠바시 정보네트워크 센터에서 전시됐습니다. 현재는 KEK에 전시돼 있습니다. 현존하는 당시 HTML 소스 코드를 바탕으로 재현한 웹페이지는 다음과 같습니다.

일본 최초의 웹페이지

KEK Information

Welcome to the KEK WWW server. This server is still in the process of being set up.
If you have question on this KEK Information page, send e-mail to morita@kek.jp.

Help   On this program, or the World-Wide Web.

H E P   World Wide Web service provided by other High-Energy Physics institutes.

KIWI   KEK Integrated Workstation environment Initiative.

Root   WS Manager Support (Root) [EUC].

See also:

    Types of server, and OTHER SUBJECTS

8

자바스크립트

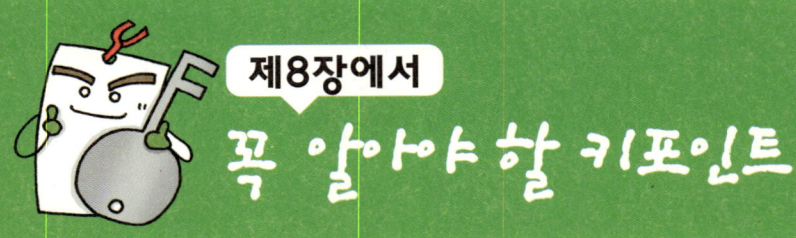

자바스크립트란

　HTML과 CSS를 학습한 후 더 알아 두면 좋은 것이 **자바스크립트**(JavaScrip)입니다. 자바스크립트는 웹브라우저상에서 실행할 수 있는 **클라이언트** 사이드 스크립트 언어(간이 프로그래밍 언어)입니다. 예전에 인터넷 보급에 크게 공헌한 웹브라우저로는 넷스케이프 내비게이터(Netscape Navigator)가 있습니다. 이 넷스케이프에서 구현된 것을 시작으로(당시에는 LiveScript라는 명칭), 오늘날 자바스크립트는 거의 모든 웹브라우저에서 이용할 수 있게 됐습니다.

　자바스크립트를 HTML에 삽입하면 다이내믹한 웹페이지를 만들 수 있습니다. 예를 들어 마우스 커서를 올려놓으면 이미지가 바뀌거나 입력한 정보를 전송하는 등 사용자의 동작에 반응하는 웹페이지를 만들 수 있게 되는 것입니다.

요소와 스타일을 조작할 수 있다

자바스크립트로 HTML의 요소와 CSS의 스타일을 조작할 수도 있습니다. 여기서 이용되는 것이 **DOM**(Document Object Model)입니다. DOM으로 HTML의 요소를 지정해서 정보를 추출하고 자바스크립트로 조작하는 구조로 돼 있습니다.

또한 자바스크립트는 기본적으로 서버와 통신하지 않았지만, HTML5 이후에는 그것도 달라졌습니다. 최근에는 단순히 웹페이지에 움직임을 부여하는 것뿐만 아니라 웹 애플리케이션(웹을 통해 웹브라우저에서 이용하는 애플리케이션)이나 스마트폰 앱 개발에도 이용되고 있습니다.

이 책에서는 HTML과 CSS를 메인으로 설명하므로 자바스크립트의 자세한 문법은 다루지 않습니다. 하지만 어떤 기술로 어떤 일을 할 수 있는지 대략적으로 알아 두기만 해도 웹페이지 제작의 즐거움이 훨씬 커질 것입니다. 자바스크립트의 학습에 흥미가 생긴다면 꼭 '자바스크립트가 보이는 그림책'을 읽어 보세요.

자바스크립트란?

자바스크립트를 사용하면, 웹브라우저를 조작해 웹페이지에 다양한 기능을 넣을 수 있습니다.

 ## 자바스크립트란?

자바스크립트란, 주로 웹브라우저나 그 안의 도큐먼트를 조작하기 위해 만들어진 스크립트 언어(간이 프로그래밍 언어)입니다. 예를 들어 다음과 같은 일을 할 수 있습니다.

도큐먼트 조작
- 웹페이지에 문자를 표시한다.
- 웹페이지를 전환한다.
- 쿠키를 읽고 쓴다.

창
- 확인 대화창을 표시한다.
- 새로운 창을 표시한다.
- 창의 크기를 지정한다.

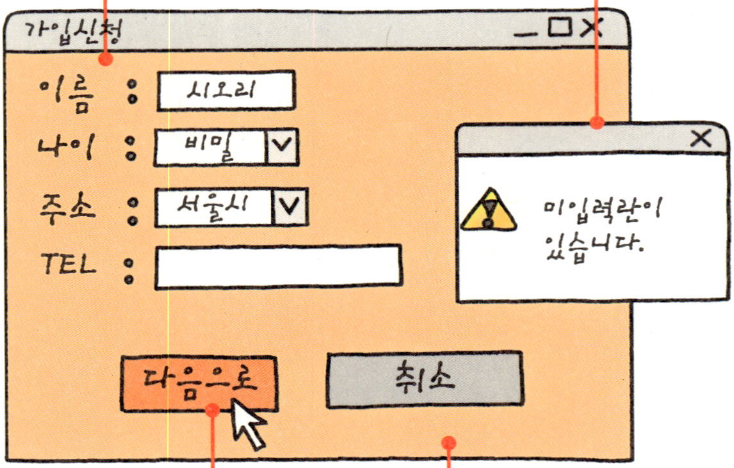

이벤트
- 웹페이지가 로드될 때 메시지를 표시한다.
- 마우스 커서를 올려놓으면 색이 변한다.

폼
- 폼에 빈 곳은 없는지 체크한다.
- 체크박스에 모두 체크한다.

> 프로그래밍 언어인 자바(Java)와는 다른 언어입니다.

자바스크립트의 특징

자바스크립트의 큰 특징은 클라이언트 사이드 스크립트로 실행된다는 것입니다. 클라이언트 사이드 스크립트는 웹브라우저상에서 처리를 실행합니다.

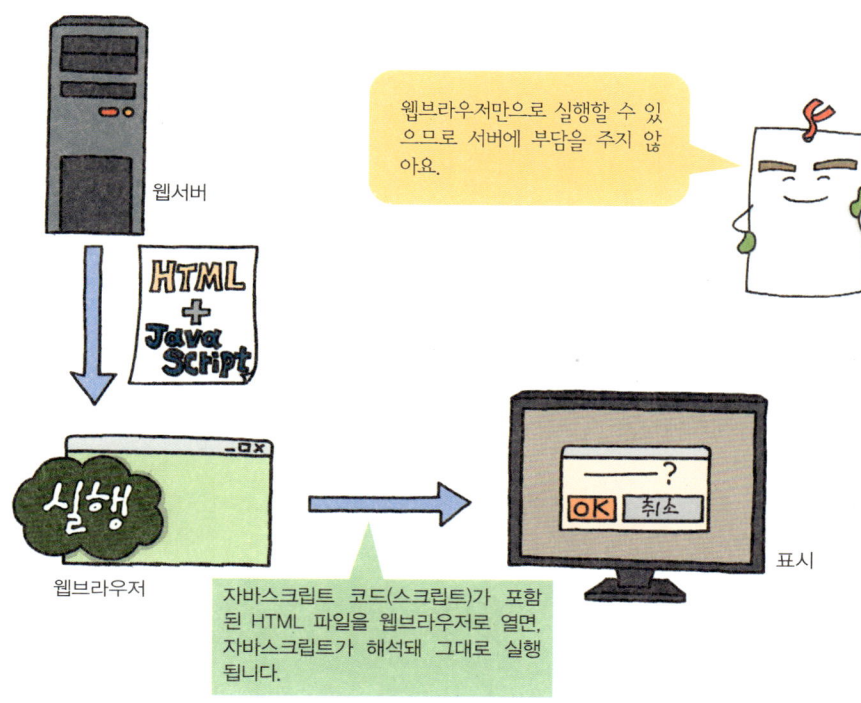

클라이언트 사이드 스크립트로는 서버에 직접 데이터를 저장할 수 없습니다.

최근에는 자바스크립트로 서버와 통신하며 페이지를 전환하지 않고 화면을 갱신하는 Ajax (168페이지) 같은 기술도 사용되고 있습니다.

Hello World!!

간단한 예제로 자바스크립트 코드를 살펴봅시다. 화면에 'Hello World!!'라고 표시해 보겠습니다.

자바스크립트 코드

자바스크립트는 일반적으로 HTML과 조합해 사용합니다. 우선 HTML에 삽입해서 기술하는 방법(79페이지)을 이용한 자바스크립트 코드를 살펴봅시다. <script>~</script>가 자바스크립트 부분입니다.

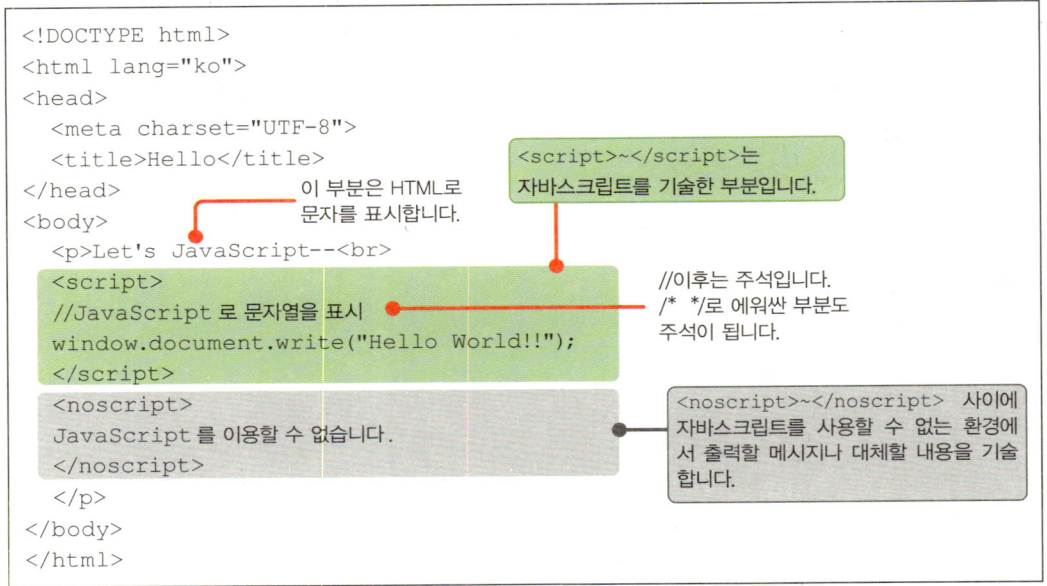

▶ script 요소와 noscript 요소

HTML 문서에 자바스크립트를 넣기 위해서는 **script 요소**를 사용합니다. 이 요소 안에 직접 기술할 수도 있고 외부 파일에 작성한 코드를 불러올 수도 있습니다(80페이지).

noscript 요소에는 자바스크립트를 사용할 수 없는 환경에서 대신 표시할 내용을 기술합니다.

≫ 문자열 표시

자바스크립트로 문자열을 표시하려면 **window.document.write()** 를 사용합니다.

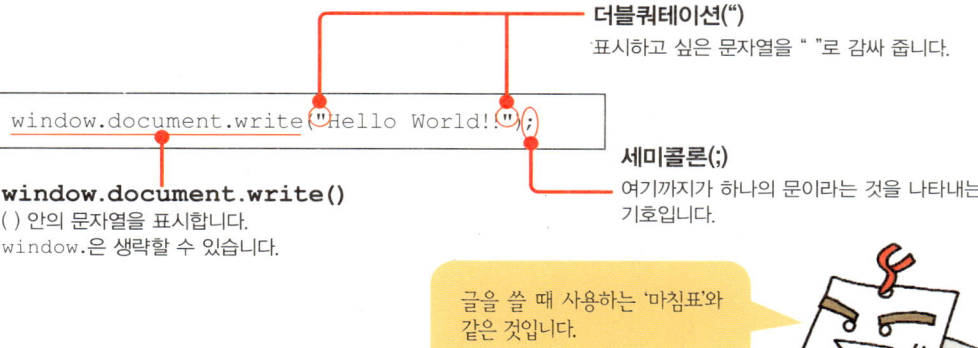

```
window.document.write("Hello World!");
```

더블쿼테이션(")
표시하고 싶은 문자열을 " "로 감싸 줍니다.

세미콜론(;)
여기까지가 하나의 문이라는 것을 나타내는 기호입니다.

window.document.write()
( ) 안의 문자열을 표시합니다.
window.은 생략할 수 있습니다.

글을 쓸 때 사용하는 '마침표'와 같은 것입니다.

실행 결과

```
Let's JavaScript --
Hello World!!
```

```
Let's JavaScript --
자바스크립트를 이용할 수 없습니다.
```
자바스크립트를 이용할 수 없는 경우

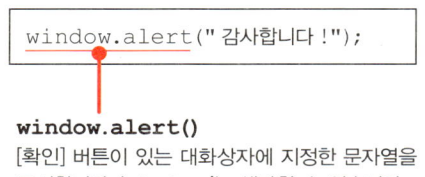

이렇게 코드를 작성하고 그대로 실행할 수 있습니다.

🔓 대화상자를 표시한다

window.alert() 를 사용하면 대화상자를 표시할 수 있습니다.

```
window.alert("감사합니다 !");
```

window.alert()
[확인] 버튼이 있는 대화상자에 지정한 문자열을 표시합니다. 'window.'는 생략할 수 있습니다.

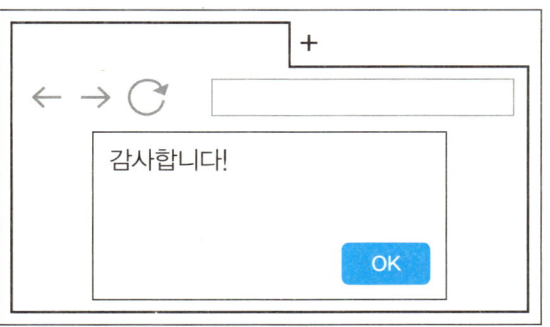

Hello World!! 163

자바스크립트를 기술하는 위치

자바스크립트를 기술하는 위치는 크게 다음과 같은 종류가 있습니다.

 body 요소 내에 직접 기술하는 방법

HTML 파일의 body 요소 안에 스크립트 요소를 직접 기술합니다.

```
<body>
<script>
  document.write("<p>JavaScript 로 기술했습니다.</p>");
</script>
</body>
```

이 코드는 오른쪽에 기술한 HTML과 같습니다.

```
<body>
<p>JavaScript 로 기술했습니다.</p>
</body>
```

head 요소 안에 기술하고 호출하는 방법

HTML 파일의 head 요소 안에 함수로 기술하고 body 요소 안에서 스크립트를 호출합니다. 함수란, 일련의 처리를 모아 놓은 것으로, 다음 코드에서 { } 안이 그 내용입니다.

```
<html>
<head>
<script>
function byJS(){
  document.write("<p>JavaScript 로 기술했습니다.</p>");
}
</script>
</head>
<body>
<script>
  byJS();
</script>
</body>
</html>
```

호출

body 요소 안이 깔끔해졌네요.

외부 파일에서 자바스크립트를 읽어오는 방법

자바스크립트의 내용을 확장자가 .js인 파일로 저장하고 script 요소의 scr 속성으로 참조해서 읽어옵니다.

```
<head>
  <script src="mylib.js">
  </script>
</head>
<body>
<script>
  byJS()
</script>
</body>
```

mylib.js
```
function byJS(){
   document.write("JavaScript 로 기술했습니다.");
}
```

js 파일도 HTML 파일과 마찬가지로 메모장 등의 텍스트 에디터로 작성합니다.

이벤트에 따라 호출하는 방법

페이지 로딩이나 폼의 버튼 클릭, 키보드 입력 등 특정 **이벤트**에 반응해서 스크립트를 실행합니다. HTML 요소의 속성(이벤트 속성)에 직접 기술합니다.

onClick은 '버튼을 눌렀다' 라는 의미의 이벤트입니다.

이 부분에 자바스크립트 코드를 기술합니다.

`<input type="button" value="버튼" onclick="alert('어서오세요.')">`

이 뒤에 버튼 클릭 시 실행될 자바스크립트 코드를 기술합니다.

alert( ) 메시지 창을 표시합니다.

" " 안에서 문자열을 나타낼 때는 ' '(싱글쿼테이션)으로 감싸 줍니다.

처리의 계기를 이벤트라고 합니다.

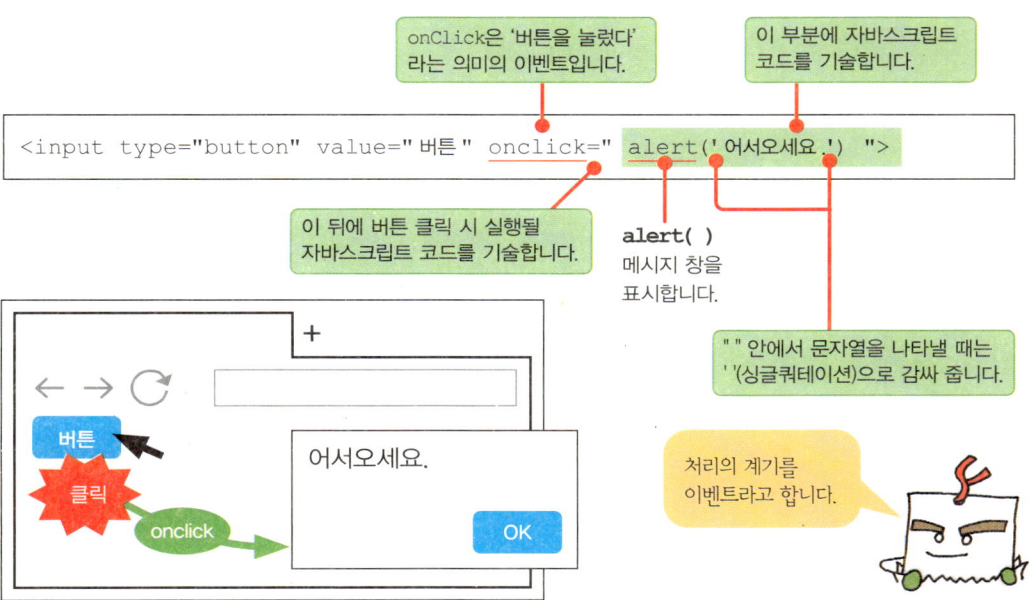

자바스크립트를 기술하는 위치 **165**

자바스크립트로 할 수 있는 일

160페이지에서도 자바스크립트로 할 수 있는 일을 소개했는데, 이 밖에도 다음과 같은 일을 할 수 있습니다. 간단하긴 하지만, 좀 더 알아보겠습니다.

요소나 스타일 다루기

자바스크립트는 HTML의 각 요소를 **오브젝트**라는 단위로 관리합니다. 이 구조를 **DOM** (Document Object Model)이라고 합니다. id 속성이나 class 속성을 지정함으로써 프로그램으로 요소에 접근할 수 있습니다.

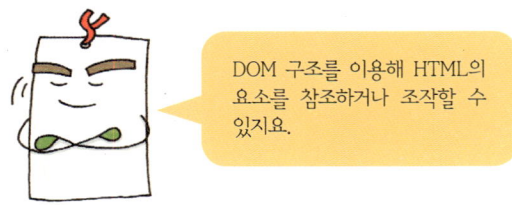

DOM 구조를 이용해 HTML의 요소를 참조하거나 조작할 수 있지요.

≫ HTML 요소 다루기

자바스크립트로 HTML 문서에 포함된 요소나 속성, 요소 내의 텍스트 데이터 등을 참조하거나 조작해 봅시다.

예

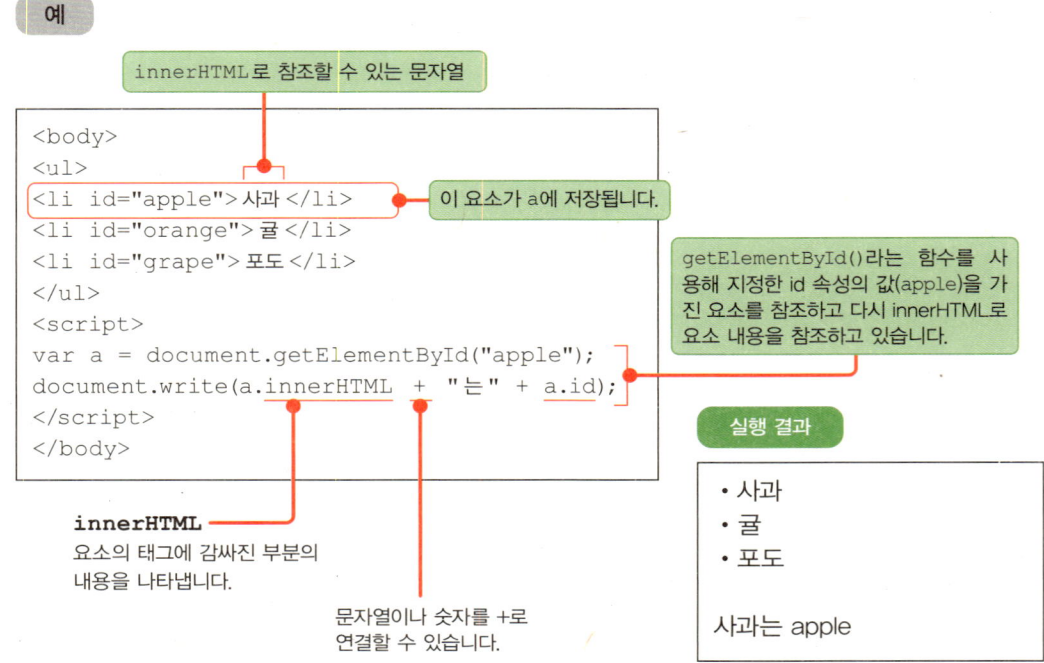

```
<body>
<ul>
<li id="apple">사과</li>
<li id="orange">귤</li>
<li id="grape">포도</li>
</ul>
<script>
var a = document.getElementById("apple");
document.write(a.innerHTML + "는" + a.id);
</script>
</body>
```

innerHTML로 참조할 수 있는 문자열

이 요소가 a에 저장됩니다.

getElementById()라는 함수를 사용해 지정한 id 속성의 값(apple)을 가진 요소를 참조하고 다시 innerHTML로 요소 내용을 참조하고 있습니다.

innerHTML — 요소의 태그에 감싸진 부분의 내용을 나타냅니다.

문자열이나 숫자를 +로 연결할 수 있습니다.

실행 결과

- 사과
- 귤
- 포도

사과는 apple

≫CSS의 스타일 다루기

HTML 문서의 CSS 정보를 참조하거나 조작할 수 있습니다. CSS에는 각 요소의 style 속성을 통해 액세스합니다. 그 이후의 속성은 다음과 같은 규칙에 따라 속성 이름이 정해집니다.

CSS 속성 이름 → 자바스크립트 속성 이름

`font-size` → `fontSize`

CSS 속성 이름의 '-'를 떼고 그다음 문자를 대문자로 바꾸는 군요.

예

```
<body>
<p id="p1">HTML/CSS 그림책 </p>
<p id="p2">HTML/CSS 그림책 </p>
<p id="p3">HTML/CSS 그림책 </p>
<p id="p4">HTML/CSS 그림책 </p>

<script>
var e1 = document.getElementById("p1");
var e2 = document.getElementById("p2");
var e3 = document.getElementById("p3");
var e4 = document.getElementById("p4");
e1.style.color = "red";
e2.style.fontSize = "120%";
e3.style.fontStyle = "italic";
e4.style.fontWeight = "bold";
</script>
</body>
```

실행 결과

HTML/CSS 그림책
HTML/CSS 그림책
HTML/CSS 그림책
HTML/CSS 그림책

🔒 앱 개발

자바스크립트로 웹 애플리케이션(웹 앱)이나 스마트폰 앱 등을 개발할 수도 있습니다.

웹 앱은 웹서버상에서 동작하는 애플리케이션입니다.

168페이지에서 소개한 Ajax도 웹 애플리케이션에서 이용되는 기술입니다.

칼럼

~ Ajax ~

　Ajax는 'Asynchronous 자바스크립트+XML(비동기적 자바스크립트+XML)'을 줄인 말로, 자바스크립트에 CSS와 HTML, XML(데이터나 문서를 기술하는 마크업 언어의 하나) 등을 조합한 기술입니다. 일반적으로 순서대로 처리하지만, 비동기인 경우에는 서버의 결과를 받아서 처리합니다.

　원래는 구글 지도에 이용되던 기술을 제시 제임스 가렛이 2005년에 발표한 기사에서 'Ajax'라고 부른 것이 시작입니다. 기술적으로는 XMLHttpRequest라는 자바스크립트 오브젝트를 이용해 비동기적으로 서버와 통신함으로써 페이지를 전환하지 않고도 데이터를 송수신할 수 있습니다.

　예를 들어 구글 지도에서는 마우스를 움직이는 것만으로 페이지를 갱신하지 않고 지도의 축척을 변경하거나 보고싶은 위치를 변경할 수 있습니다. 온라인 쇼핑몰 웹사이트에서는 사용자의 조작에 따라 색이나 디자인이 다른 상품을 실시간으로 웹서버에서 가져오기도 합니다. 이처럼 현재 많은 웹애플리케이션에서 Ajax 기술을 이용하고 있습니다.

9

부록

웹사이트를 만드는 과정

필요한 HTML이나 CSS 파일 등을 준비하고 공개하면 웹사이트가 완성됩니다.

 ## 웹사이트 제작의 흐름

지금까지 학습한 HTML과 CSS 지식을 바탕으로 웹사이트를 만드는 흐름을 대략적으로 알아 둡시다. 정해진 규칙은 없지만, HTML 파일을 완전히 처음부터 만들어서 웹에 공개하는 경우에는 대체로 다음과 같은 순서대로 진행합니다.

① 어떤 웹사이트를 만들 것인지 생각한다
웹사이트의 목적과 내용을 결정합니다.

웹 서버 임대나 웹페이지를 작성할 환경도 일찌감치 준비해 둡니다.

② 웹사이트 구성과 디자인을 생각한다
어떤 페이지가 필요하고 각각 어떤 내용으로 채울 것인지, 어떻게 링크할 것인지를 결정합니다. 디자인도 구상합니다.

③ 원고나 소재를 준비한다

텍스트 원고, 로고나 일러스트, 사진 등 파일 작성에 필요한 재료를 준비합니다.

이미지를 작성하거나 편집할 경우에는 전용 소프트웨어도 필요합니다.

④ 각종 파일을 작성한다

HTML 파일과 CSS 파일을 만듭니다.

⑤ 파일을 웹 서버에 업로드한다

파일을 웹 서버에 업로드합니다(173페이지). 그런 다음 URL을 웹브라우저의 주소창에 입력하면 자신의 웹사이트를 확인할 수 있습니다. 필요한 파일이 모두 갖춰져 있는지, 내용에 오자나 탈자, 오류가 없는지, 링크는 틀리지 않았는지 등을 꼼꼼하게 확인합시다.

웹사이트 공개

웹 서버 준비와 공개 방법에 대해서 살펴봅시다.

 ## 웹 서버 준비

웹페이지를 공개하려면 웹 서버가 필요합니다. 독자적으로 웹 서버를 구축할 수도 있지만(10페이지), 전문 기술이 필요하므로 **임대 서버**를 이용하는 방법이 편리합니다. 자신에게 적합한 서버를 선택합시다.

서버를 임대하면 접속 정보나 파일을 업로드할 주소 정보 등을 얻을 수 있습니다.

FTP를 이용한 업로드

작성한 HTML 파일이나 CSS 파일을 웹 서버에 업로드(전송)하면 웹페이지로서 인터넷에 공개할 수 있습니다. 이러한 파일을 업로드하려면 일반적으로 **FTP**(File Transfer Portocol) 구조를 이용합니다.

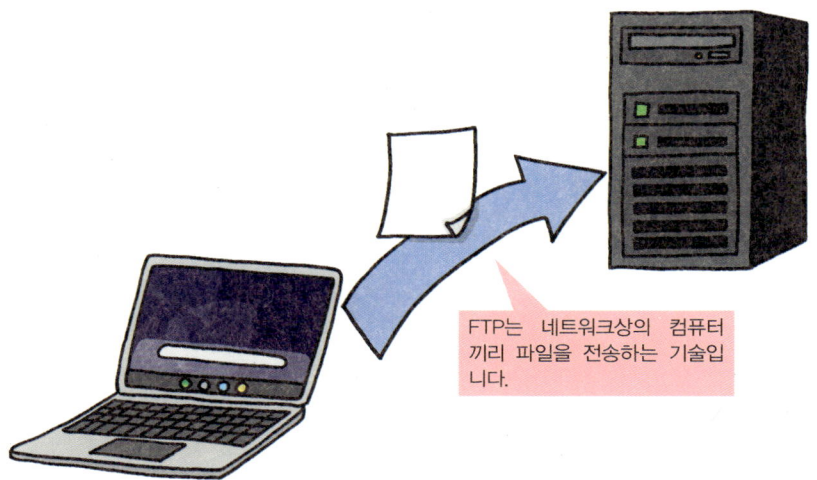

FTP는 네트워크상의 컴퓨터끼리 파일을 전송하는 기술입니다.

FTP 소프트웨어

파일을 업로드하기 위해서 **FTP 소프트웨어**를 사용합니다. 예를 들어 정통적인 FTP 소프트웨어는 다음과 같은 2개의 화면 UI(149페이지)로 이뤄져 있습니다.

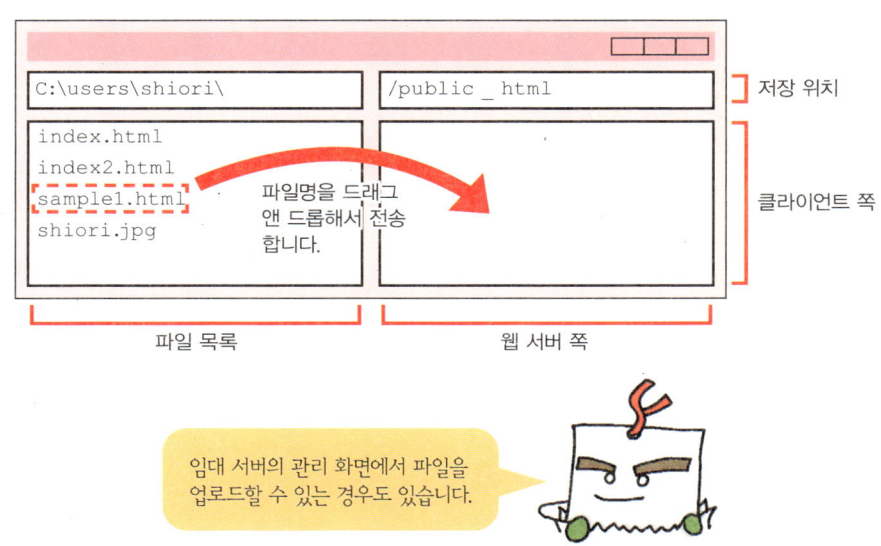

임대 서버의 관리 화면에서 파일을 업로드할 수 있는 경우도 있습니다.

웹사이트 공개

고유 도메인 취득하기

고유 도메인이란, 자신이 희망하는 문자열을 이용한 세계에서 하나뿐인 도메인(16페이지)입니다. '레지스트'라고 불리는 사업자에게 신청해서 취득할 수 있지만, 임대 서버 업자를 경유해 취득할 수도 있습니다.

```
http://www.ank.co.jp
https://www.shoeisha.co.jp
https://www.google.com
https://tenki.jp
```

≫ 고유 도메인의 장점

임대 서버에서 최초로 부여되는 도메인과 고유 도메인을 비교해 봅시다.

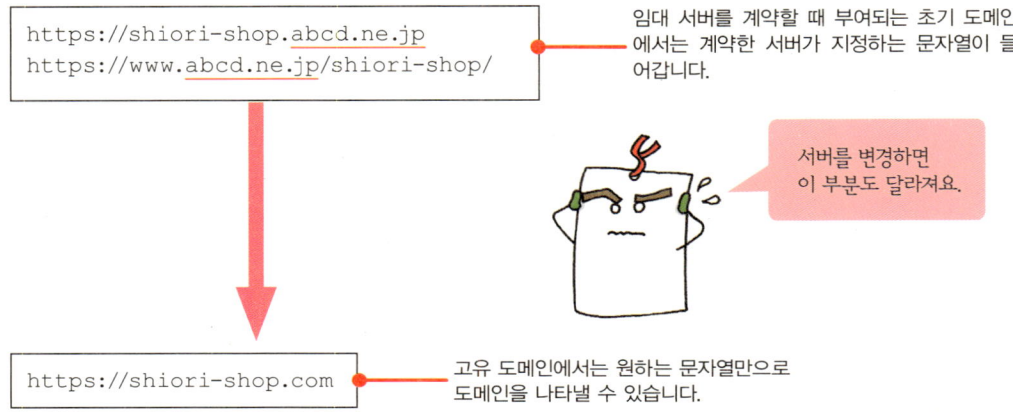

이처럼 고유 도메인을 취득하려면 예를 들어 다음과 같은 장점을 들 수 있습니다.

- 주소를 기억하기 쉽다.
- 서버를 변경해도 같은 주소를 사용할 수 있다.
- 신뢰도가 올라간다.

이미지 형식

웹에서 이용할 수 있는 이미지 파일 형식은 정해져 있습니다.

웹에서 이용할 수 있는 이미지

웹에서 이용되는 주요 이미지 파일 형식을 소개합니다.

JPEG(Joint Photographic Experts Groups)

확장자는 **.jpg** 또는 **.jpeg**입니다.

사진 등 색의 수가 많은 이미지나 그러데이션 표시에 적합한 파일 형식입니다. 또한 압축률을 세밀하게 지정할 수 있어 큰 이미지의 파일 크기를 상당히 줄일 수 있습니다. **비가역 압축**을 사용하므로 압축률을 높이거나 저장을 반복하면 화질이 열화되고 한 번 압축하면 원래 이미지로 돌아갈 수 없다는 단점이 있습니다. 또한 배경을 투명하게 하는 **투과 처리**를 할 수 없습니다.

PNG(Portable Network Graphics)

확장자는 **.png**입니다.

PNG는 압축 시에 원본 데이터가 손실되지 않는 가역 압축을 사용하므로 저장을 반복해도 화질이 열화되지 않고 한 번 압축하더라도 완전하게 원본 이미지로 되돌릴 수 있습니다. 또한 투과 처리도 가능합니다. 로고나 버튼처럼 색의 수가 적은 일러스트부터 사진까지 다양한 용도를 지원하지만, 사진 등에서는 파일 크기가 JPEG보다 커져 버리므로 주의가 필요합니다.

GIF(Graphics Interchange Format)

확장자는 **.gif**입니다.

표현할 수 있는 색의 수가 256색까지이므로 아이콘이나 간단한 일러스트처럼 색의 수가 적은 이미지용 파일 형식입니다. 파일 크기가 작은 편이고 투과 처리가 되며 애니메이션(애니메이션 GIF/GIF 애니메이션)을 표현할 수 있습니다. 압축 시 원본 데이터가 손실되지 않는 무손실 가역 압축 방식을 사용하므로 저장을 반복해도 화질이 열화되지 않습니다.

WebP

확장자는 **.webp**입니다.

구글이 웹페이지용으로 개발하는 새로운 이미지 파일 형식입니다. 화질을 유지한 채로 화질이 같은 정도의 JPEG 이미지나 PNG 이미지보다 파일 크기를 줄일 수 있다는 장점이 있습니다. 투과 처리나 애니메이션도 표현할 수 있습니다. 또한 가역 압축과 비가역 압축 방식을 모두 지원합니다.

JPEG, PNG, GIF 각각의 장점을 합한 이미지 파일 형식이라고 할 수 있겠네요.

SVG(Scalable Vector Graphics)

확장자는 **.svg**입니다.

도형의 정보를 좌표와 수치로 기록하는 **벡터 형식**의 이미지 파일입니다. 확대나 축소를 해도 화질이 떨어지지 않으므로 반응형 디자인에도 적합합니다. 내용은 텍스트 데이터이므로 직접 기술해서 작성할 수도 있지만, 이미지를 이미지 편집 소프트웨어로 변환해 소스를 출력하는 방법도 있습니다.

벡터 형식 / 비트맵 형식

픽셀이라는 점의 집합으로 이미지를 표현하는 형식을 **비트맵** 또는 **래스터 형식**이라고 하며 JPEG, PNG, GIF가 이에 속합니다.

이미지를 만드는 구체적인 방법은 전문 웹사이트나 서적을 참고하세요.

웹사이트 제작을 도와주는 환경

소프트웨어나 각종 도구의 힘을 빌려 웹사이트를 작성하는 방법도 있습니다. 한 가지 예를 소개합니다.

다양한 작성 방법

이 책에서 설명한 것처럼 텍스트 에디터와 웹브라우저만 있으면 웹사이트를 만들 수 있지만, 전용 소프트웨어와 서비스를 이용하는 방법도 있습니다.

≫ 홈페이지 제작 소프트웨어

기본적으로 컴퓨터에 소프트웨어를 설치해서 작업합니다. 미리 준비된 템플릿이나 부품을 이용해 웹페이지 화면을 눈에 보이는 대로 디자인할 수 있습니다. HTML이나 CSS를 입력할 때 힌트를 표시해 주는 등의 특징이 있습니다.

예 홈페이지 빌더, 드림위버(Dreamweaver)

≫ 홈페이지 제작 툴

사업자의 웹사이트에 액세스해 그대로 웹상에서 웹페이지를 제작하고 공개할 수 있는 툴(서비스)입니다. 템플릿을 선택하거나 버튼을 클릭하거나 드래그 앤 드롭을 사용하는 등 콘텐츠를 직관적으로 편집할 수 있습니다.

예 짐도(Jimdo), 윅스(Wix)

≫ CMS(Contents Management System)

CMS란, 텍스트나 이미지, 디자인 정보 등 웹사이트를 구성하는 콘텐츠를 모아서 저장 및 관리하는 시스템을 말합니다. CMS를 도입하면, HTML 파일이나 CSS 파일을 개별적으로 수정하지 않아도 관리 화면에서 콘텐츠를 등록해 갱신 및 변경할 수 있게 됩니다. 단, 서버에 미리 설치돼 있지 않은 경우에는 이용할 수 있게 되기까지 어느 정도 지식이 필요합니다.

예 워드프레스(WordPress), 무버블 타입(Movable Type)

CMS는 콘텐츠 관리 시스템이라고도 합니다.

웹사이트 제작 시 주의사항

웹사이트는 전 세계에 공개되므로 트러블이나 위험성도 잠재해 있습니다.

편리함과 위험은 공존한다

웹사이트를 공개한다는 것은 전 세계 불특정 다수 사용자에게 정보를 공개하는 것을 의미합니다. 매일 인터넷을 이용하는 쪽에서도 여러 가지 주의해야 할 점이 있겠지만, 정보를 제공하는 쪽에서도 크게 다르지 않습니다. 웹사이트를 만들고 공개할 때 주의할 점을 몇 가지 확인해 보겠습니다.

개인 정보 관리

웹사이트 운영 방침이나 웹사이트 관리자에 관한 정보 등은 그 웹사이트를 신뢰할 수 있는지를 판단하는 중요한 정보 중 하나이기도 합니다. 하지만 이 정보가 악용될 가능성도 있습니다. 이름, 주소, 전화번호, 이메일 주소, 얼굴 사진 등 어디까지가 그 웹사이트에 필요한 내용인지 잘 생각해 보고 게재해야 합니다. 또한 웹사이트의 콘텐츠 중에서도 개인을 특정할 수 있는 정보를 게재할 때는 주의해야 합니다.

연락처 게재

앞의 내용과 관련되는데, 연락처로 이메일 주소를 그대로 공개하면 사기 메일이나 바이러스가 첨부된 메일 등 스팸 메일의 피해를 입게 될 위험성이 높아집니다. 이미지나 QR코드로 변환하거나 주소 일부를 다른 문자로 바꾸는 등 곧 바로 수집되지 않도록 대비해 둡시다.

이메일 주소 자체도 짧고 유추하기 쉬운 문자열은 사전(dictionary) 공격 대상이 되기 쉽다는 점도 주의하세요.

지적 재산권·저작권

웹사이트는 정보를 공개하고 제공할 때 매우 편리하지만, 무심코 지적 재산권이나 저작권을 침해하게 될 수 있습니다. 우선 기본적으로 다음과 같은 내용에 주의합시다.

- 무단 전재, 복제를 하지 않는다

웹사이트에 있는 문장, 사진 등을 무단으로 전재하거나 복제하는 것은 저작권 침해에 해당합니다. 타인의 저작물을 전재 혹은 복제하고 싶을 때는 저작권자의 허락이 필요합니다.

- 인용 출처를 명시한다

정당한 목적이 있고 적정 범위에 한정해 문서나 기사의 인용이 인정되기도 합니다. 하지만 이런 경우라도 출처를 명시해야만 합니다.

찾아보기

기호

.css(확장자) ········· 80
.html/./htm(확장자) ········· 24
.js(확장자) ········· 165

A~C

action 속성 ········· 60
active 가상 클래스 ········· 89
a 요소 ········· 56
body 요소 ········· 38, 40
button 요소 ········· 66
class 속성 ········· 30
code 요소 ········· 53
Cookie ········· 3, 14
CSS ········· xii, 2, 7, 74, 76
   길이(크기) 지정 ········· 91
   색의 지정 ········· 90
   파일 ········· 80

D~F

DB(데이터베이스) ········· 12
display 속성 ········· 114
div 요소 ········· 48
DOCTYPE 선언 ········· 21, 32
DOM ········· 159, 166
float 속성 ········· 142, 146
form 요소 ········· 60
FTP ········· 173

H~J

h1~h6 요소 ········· 44
head 요소 ········· 38, 40
hover 가상 클래스 ········· 88
hr 요소 ········· 46
HTM ········· x, 2, 6
HTML Living Standard ········· 20, 22
HTML 파일 ········· x
HTML5 ········· 20, 23
html 요소 ········· 20, 23
HTTP ········· xiii, 11
id 속성 ········· 30, 56

ID 이름 ········· 87
img 요소 ········· 57
input 요소 ········· 63
IP 주소 ········· 16
JavaScript ········· xv, 158, 160

L~P

label 요소 ········· 68
method 속성 ········· 60
option 속성 ········· 67
pre 요소 ········· 46
p 요소 ········· 45

S~Z

select 요소 ········· 67
span 요소 ········· 48, 49
style 속성 ········· 78
style 요소 ········· 79
table 요소 ········· 58
textarea 요소 ········· 66
UI/UX ········· 146
URL ········· 3, 17, 34
UTF-8 ········· 33
WWW ········· ix
z-index 속성 ········· 116

ㄱ

가상 클래스 ········· 88
강조 ········· 50
겹쳐지는 순서 ········· 116
경로 ········· 25
그러데이션 ········· 131
글꼴
   글자색 ········· 100
   기울임 ········· 100
   볼드 ········· 100

ㄴ~ㄷ

내비게이션 ········· 42
네트워크 ········· ix
다중 칼럼 ········· 126

다중 칼럼 레이아웃·················142, 145
데이터베이스·······························3, 12
데이터베이스 관리 시스템(DBMS)·······12
도메인·······································3, 16
동적 웹페이지································xiv
떠 있는 배치·································117

ㄹ~ㅂ

루비···54
리스트·······································118
리스트 요소··································47
링크(하이퍼링크)························ix, 4, 56
마크업 언어···································20
멀티 디바이스 지원·························150
문자 코드····································33
미디어 쿼리································152
박스······································95, 102
   너비와 높이····························104
   둥근 모서리····························109
   마진과 패딩····························105
   크기를 변경할 수 있다················108
   테두리··································106
박스 모델··································102
반응형 디자인·························xii, 143
배경····································110, 112
배치 지정···································115
부모 요소································20, 28
뷰포트·································143, 151
브레이크 포인트····························152

ㅅ

상대 URL····································34
서버···3, 10
선택자··82
속성··27
속성······································82, 94
스킴··17
스타일 시트··································xii
스타일 시트 언어······························7
시작 태그····································26

ㅇ

애니메이션·································134
요소······································20, 26
웹 브라우저···························xvii, 2, 3, 8
웹 서버·································xiii, 3, 10
웹 소프트····································10
웹 애플리케이션·····························xvi
웹사이트······································4
웹페이지····································x, 4
위 첨자(아래 첨자)··························54
이미지 표시··································57
이벤트······································165
인라인 요소··································49
인용···52
인터넷···ix
임대 서버···································172

ㅈ~ㅊ

자식 요소································20, 28
전역 속성····································30
절대 URL····································34
정적 웹페이지·······························xiii
종료 태그····································26
주석······································29, 83
줄바꿈··55
중첩·····································20, 28
초깃값··83

ㅋ~ㅌ

칼럼·····································142, 144
클라이언트·································3, 10
클래스 이름··································86
키프레임···································134
태그····································6, 20, 26
테이블·································39, 58, 119
텍스트
   간격······································98
   꾸미기····································99
   인덴트····································97
   표시 위치································96
   행의 높이································96
투명도······································130
트랜지션···································132

ㅍ~ㅎ

폼··39, 60
폼의 부품·································62, 64
푸터···42
플렉스 박스··························128, 142, 147
하이퍼텍스트 시스템·························ix
헤더···42

찾아보기 **181**

HTML/CSS가 보이는 그림책

2024. 3. 6. 초 판 1쇄 인쇄
2024. 3. 13. 초 판 1쇄 발행

글쓴이 : ANK Co., Ltd.
번　역 : 김성훈
펴낸이 : 이종춘
펴낸곳 : BM (주)도서출판 **성안당**
주　소 : 04032 서울시 마포구 양화로 127 첨단빌딩 3층(출판기획 R&D 센터)
　　　　10881 경기도 파주시 문발로 112 파주 출판 문화도시(제작 및 물류)
전　화 : (02) 3142-0036
　　　　(031) 950-6300
팩　스 : (031) 955-0510
등　록 : 1973. 2. 1. 제406-2005-000046호
홈페이지 : www.cyber.co.kr
도서 내용 문의 : hrcho@cyber.co.kr

ISBN : 978-89-315-8636-7 (13000)
정　가 : 19,800원

만든이
책임 | 최옥현
진행 | 김해영
교정 | 안종군
본문 디자인 | 김인환
표지 디자인 | 박원석
홍보 | 김계향, 유미나, 정단비, 김주승
국제부 | 이선민, 조혜란
마케팅 | 구본철, 차정욱, 오영일, 나진호, 강호묵
마케팅 지원 | 장상범
제작 | 김유석

이 책에서 사용된 모든 프로그램과 상표는 각 회사에 그 권리가 있습니다.

HTML/CSSの絵本
(HTML/CSS no Ehon : 7583-6)
ⓒ 2023 ANK Co., Ltd.
Original Japanese edition published by SHOEISHA Co., Ltd.
Korean translation rights arranged with SHOEISHA Co., Ltd.
through Eric Yang Agency, Inc.
Korean translation copyright ⓒ 2024 by SUNG AN DANG, Inc.